चौबारे पर एकालाप

(कविता=संग्रह)

चौबारे पर एकालाप

अनूप सेठी

वाणी प्रकाशन ग्रुप
भारतीय ज्ञानपीठ

वाणी प्रकाशन : भारतीय ज्ञानपीठ की पुस्तकों के एकमात्र प्रकाशक एवं वितरक

लोकोदय ग्रन्थमाला : ग्रन्थांक 1363

सजिल्द पहला संस्करण : 2018
सजिल्द दूसरा संस्करण : 2025

वाणी प्रकाशन : भारतीय ज्ञानपीठ की पुस्तकों के एकमात्र प्रकाशक एवं वितरक

वाणी प्रकाशन

4695, 21-ए, दरियागंज, नयी दिल्ली-110 002
दूरभाष : 011-23273167, 23275710
ईमेल : sales@vaniprakashan.in
www.vaniprakashan.com

ISBN : 978-93-7112-380-8

मूल्य : ₹ 325

चौबारे पर एकालाप

(कविता-संग्रह)

अनूप सेठी

CHAUBARE PAR EKAALAAP
(Poetry Collection)
by Anup Sethi

आवरण-चित्र : अशोक भौमिक
मुद्रक : आर. टेक ऑफसेट प्रिंटर्स, दिल्ली-110 032

अपने सभी गुरुजनों को
जिनका सान्निध्य और स्नेह अभी भी मिलता है

अनुक्रम

कवि की दुनिया-1

छोटी सी साहित्य सभा
(हृदयेश जी के लिए)

छोटी-सी साहित्य सभा थी
छोटी-सी जगह
छोटे-छोटे लोग

एक कथाकार था सीधा-सच्चा
दुनिया जहान उसने फतह नहीं किया था
अपनी धुन का पक्का था

कथा बाँची खुद के जैसी सीधी सरल
थोड़ी ठोस थोड़ी तरल

एक रचनाकार ने बहस चलाई
बीज शब्द उठाया आजादी
बोला आजादी जब वाक्य में पिरोकर
आँख उसकी लरज गयी
चेहरे ने दी बेमालूम जुम्बिश
आवाज भी औचक थरथराई जरा-सी
किसी की नजर में किसी के सुनने में अनायास आई

वाह! एक शब्द में समाई क्या बिल्लौरी समीक्षा थी
थोड़ी ठोस थोड़ी तरल

छोटी-सी साहित्य सभा थी
छोटी-सी जगह
छोटे-छोटे लोग

बड़ी-सी सभा होती
बड़ी-सी जगह में
छोटे-छोटे लोगों की बेमालूम ये बात
नामालूम कहाँ तलक जाती
(2002)

कवि की दुनिया

दुनिया में कवि से ज्यादा उजड्ड कोई नहीं
कवि से ज्यादा सभ्य कोई नहीं

तमाम दुनिया पानी भरती है कवि के आगे
इशारों पर नचाता फिरता है दिन रात
दुनिया की ऐसी-तैसी करता रहता है कवि

दुनिया अपनी दुनिया में मगन हो दूसरी किसी दुनिया में निकल जाती
कवि एक-एक डग से नापता एक-एक लोक

कवि दुनिया की दुनिया और दूसरी अनेकानेक दुनियाओं में विचरता
अपनी एक दुनिया रच डालता रोज-रोज

कोई देखे कवि की दुनिया से
कैसी दिखती है मेरी तुम्हारी दुनिया
(2001)

कवि को देश निकाला है

कुदरत ने बनाए मिट्‌टी, पानी, पेड़ और पहाड़
इनसान ने कथनी करनी का फैलाया जंजाल
कवि ने गाया कुदरत और इनसान का गान
दुख और राग रक्त में घुला
मिट्‌टी में सना

कवि ने छेड़ी जीवन की ऐसी खट मिट्‌ठी तान

सुनने वालों का दिल दहला जी पिघला
आँसू लुढ़के पत्थर हो गये
आह से निकली जलधार

जब-जब गाया कवि ने जीवन का सच्चा गीत
उसका रुदन उसका हास
उसकी घृणा उसकी प्रीत
कवि का जीना हुआ मुहाल

इनसान ने घड़ डाले चारण
आगे पीछे घूम विरुदावलियाँ गाने को
सच से बचने और सौ झूठ छिपाने को

आसान नहीं सच का गीत सुन पाना
अन्तरमन तक छिल जाता है
जीवन के घमासान में भी कुछ कर जाता है

वो जिगरा कहाँ कि कोई आग में जले
वो हुलस कहाँ कि कोई चन्दन मले

यहाँ कवि को देश निकाला है
(2002)

कवि लीलाधर जगूड़ी जी आए थे

जगूड़ी जी आए थे
मिलने की इच्छा ही रह गयी कि वे चले गये

एक दिन तो दफ्तर में फँसे रहना पड़ा
एक दिन जगूड़ी जी के कवि मित्र ले गये जगूड़ी जी को
एक दिन काम से सीधे घर लौट आना हो गया पाश को धता बताते हुए

तीन दिन को आए थे जगूड़ी जी
तीन दिन निकल गये जगूड़ी जी से बिना मिले

एक दिन हालांकि मौका मिल गया
जगूड़ी जी की कविता सुनने का विद्वद्जनों की सभा में
मिलना हो गया
जगूड़ी जी से न सही जगूड़ी जी की कविता से

जब कविता पढ़ रहा होता है कवि
मिल ही रहा होता है पाठकों से एक साथ

मिल तो तब भी रहा होता है कवि
जब पाठक पढ़ रहा होता है
अकेले में उसे अपने आप

कवि से मिलना कविता के बाहर फिर भी
बड़ा जरूरी लगता था
रह गये जैसे जीवन में बहुत जरूरी बहुत से काम
रह गया यह भी आधे धाम

●

राजेश जोशी आए थे मुम्बई
पता चला जिस दिन वे लौट रहे थे
विष्णु खरे और विनोद कुमार शुक्ल तो

पता ही न चला कब आए कब चले गये
कुँवर नारायण का कई बरस पहले मुम्बई में होना
उस चिट्ठी से पता चला जो उन्होंने सत्यजीत राय को मुम्बई से लिखी थी

●

महाठगिनी खींचे जाती है दुनिया भर के लोगों को
कवि और भी हजार तरह के
कामों से आ
धरते होंगे पग इस महानगरी की धरती पर
उनमें ऐसे भी होंगे जो
मुम्बई के कवियों से मिलने की ख्वाहिश लिए वापस मुड़ जाते होंगे

कवियों में भी होता है ऐसा
कोई मिलना चाहे गिनों चुनों से
दुआ सलाम भले हो जाए सबों से सभागृहों मंचों पर से
कुछ गिनों चुनों में ही गुम रहते हैं

पर कवि मिलता है आखिर कवि से ही
पाता है ताकत कविता से ही
कवि कवि की दुनिया में गाता रहता है
कविता कविता

दुनिया में कहाँ बसती है कविता-शविता
(2001)

स्थानक कवि

जहाँ दस साल पहले होता था
वहीं जमा रहता है कील ठोंक कर
समाधि में सोया हुआ
आँख का डोडा तक हिला के नहीं देता बजरबट्ट

कोई आ जाए कोई चला जाए
वह निष्काम लिखता है वीतराग सुनाता है
शून्य की आँख में आँख डाले

जुड़ गयी थीं चार पंक्तियाँ गदह पचीसी के प्रेम में
आयु सीमा को लाँघ विदेह हुआ बैठा है
उन्हीं चार पंक्तियों को सूख चुके फूलों की तरह कापी में दाबे
उन्हीं चार पंक्तियों की उड़ चुकी गन्ध की कथरी से मुँह ढाँपे

लेखकों पाठकों क्या उसे अपनी भी आवाज सुने
कम से कम आधी शती बीत गयी है

वह पुराने मॉडल का कोई कम्प्यूटर है जो हैंग हो गया है ऑन होते ही
नहीं कोई लालटैन है जो कभी इस्तेमाल नहीं की गयी
रखे रखे जर्जर हो गयी अकारथ
नहीं-नहीं कोई बाँसुरी है
बनाने वाले से एक छेद कुछ दूर पड़ गया और
किसी बच्चे तक ने फूँक नहीं मारी

जीवन में सारे काम अंजाम दिए भाई ने
जबकि दीमक ने खोखली कर दी है उसकी देह
भदभद चलता है तो बुरादा झड़ता है

अभी-अभी मंच पर से कविता पढ़ कर गया है स्थानक कवि
शब्द उसने उच्चरे नहीं शब्द किसी ने सुने नहीं
गुरुत्वाकर्षण के परे निकल गये भारहीन
अन्तरिक्ष की अनन्त यात्रा पर
भेड़ों की तरह चरते हुए

खिड़की से आती धूप की चुन्नी में बाकी दिखता है झड़ा हुआ बुरादा
लकड़ी के बुरादे की तरह घुमड़ता हुआ ओझल हो रहा है

खदबद बेचैन चपल निर्लिप्त उन्मुक्त
कहाँ जाएगा पता नहीं

जब तक शाम धूप की गठड़ी बाँध के चलती बनेगी
सभागार से निकला स्थानक कवि
सामने वाली सड़क के मोड़ के परे ओझल हो चुका होगा
(2002)

स्थानीय कवि

स्थानीय कवि में अपार श्रद्धा होती है कविता के प्रति
श्रेष्ठ कवियों का भक्त होता है स्थानीय कवि

बाहर से आए कवियों पर न्योछावर हो हो
सकारथ होता पाता है अपना जीवन

स्थानीय कवि लघु पत्रिकाओं और समीक्षाओं और
पुरस्कारों और आयोजनों और प्रायोजनों से
महिमा मंडित हो हो
विख्यात होते जाते कवियों की सी
भंगिमा नहीं बना पाता आजीवन
बहुत कोशिश के बावजूद भाव खाने से पहले ही हँस पड़ता है स्थानीय कवि

धैर्य की चप्पल चटकाता शहर नापता रहता है सालों साल
जैसे लंगड़ा अपने खम से बेखबर
हकला अपनी हकलाहट से उठा हुआ ऊपर
मानो अपनी प्रतिभा की सीमा स्वीकार कर चुका होता है स्थानीय कवि

बूढ़ा होते होते ढल जाता है
दुनिया के साँचे में
जैसे कोई अनबोला पुर्जा

स्थानीय कवि न हो तो कोई कवि विख्यात नहीं हो सकता

नागरिक नहीं जानते कवि का होना
कवि भूले रहते हैं स्थानीय कवि का रोना
(2001)

राम शिला की प्रार्थना

(एक काँगड़ी लोकगाथा,
जिसमें बहू को दीवार में चिनवा कर
बलि देने का करुण वर्णन है, की शैली में)

अगल भी चिनना बगल भी चिनना
उस माँ को लेना सम्भाल
जिसका लाल कटा दंगे में

अगल भी चिनना बगल भी चिनना
उस बहू का करना ख्याल
जिसका कन्त मरा दंगे में

अगल भी चिनना बगल भी चिनना
उस बाल को लेना पाल
जिसकी माँ न बाप बचा दंगे में

अगल भी चिनना बगल भी चिनना
नहीं मन साफ तो कुछ नहीं माफ
चाहे जितने मन्दिर लो चिनवा।
(2002)

मैं बीच सड़क की पत्थर शापित

1

महानगर के चौराहे पर मेरे अगल-बगल
सड़कें दौड़े जातीं अहर्निश
मेरा राम इस राह कब गुजरेगा

इन दिनों मेरे माथे पर पीला रंग पुता हुआ है
ट्रैफिक पुलिस का हिमाइती
रासायनिक रंग की पपड़ी से ढँकी हुई हूँ
मेरे रंध्रों में नहीं घुसता शोर और धुँआ इन दिनों
इस झीने धूसर खोल के भीतर से निहार रही हूँ

सामने बड़े होर्डिंग पर देर रात तक विज्ञापन की पुताई जारी है
टीन का जर्जर पतरा भी पहन लेगा
किसी जगर मगर नायक का नकाब
ब्रश फिरता है पतरे की छाती पर
झुरझुरी मेरे सीने में होती है

मेरे सिर पर भी यही ब्रश था
नकली नहीं असली थे बाल किसी निरीह जानवर के
और जिन हाथों ने थाम रखा था ब्रश और पेंट का डिब्बा
वे तो थे असल के भी असल कड़क
किसी को पकड़ लें तो जकड़ लें

जिन्दगी भर न छोड़ें साथ

पर जी तब ज्यादा कलपता था
जब दो सींकिया छोकरे
भरी दोपहर में डंडों में खोंस कर
विज्ञापन बीमा कम्पनी का
दिन भर तपते रहते थे

यह कौन गया मुझे फाँद के
एक पंजा मेरे सिर को छूता हुआ गुजरा
निर्जीव किया जा चुका चमड़ा था
या न जाने किस अवतार में जा पहुँचा रबड़ था
पेड़ की ऐसी-तैसी फिर चुकी थी कई तरह से
तब जाकर बना था जूते का यह तला
मल्टी नैशनल सूरमा

2

भीतर गहरे में कुछ और टीसता है
शिलाएँ घड़-घड़ के राम के घर जमा हो गयी हैं
सेनाएँ तैनात हैं चहूँ ओर

सेनाएँ तब भी जुटी हुई थीं
राम नाम लिखे मेरे जिगर के टुकड़े तिरते जाते थे
वे भीगे हुए मेरे राममय पुलकित रोम
पुल बनाते जाते थे
जोड़नहार

आज ठंडी जड़ शिलाओं की तरह पड़े हैं
मुझे मन्दिर में चिन दिया जाएगा

राम के स्पर्श से वंचित ही रही आई
रही चली जाऊँगी

सहस्राब्दियों बाद नये ढब में तराशा गया है
ठंडे और अड़ियल रह रह कर गुस्साते हाथों ने
भर दी अभेद्य ठंडक
एक जुनून के बारूद की तरह जमा कर रखा गया है मुझे
शताब्दियाँ पहले मानो राम ने स्वयं
बामियान घाटी को छुआ था कलासिद्ध हाथों से
मेरे भीतर अपार करुणा भर दी थी
बुद्ध मेरे रोम-रोम में धड़कते थे

तालिबानों के बौराए हुए बहशी जनून ने
सदियों से संचित उस बुद्ध के परखचे उड़ा दिए

इधर रामभक्तों ने तराशा कुछ इस तरह
रोम-रोम में दाह जा बैठी
देह मेरी भंजित आत्मा खंडित

रह-रह कर ध्यान धरती हूँ अजन्ता एलोरा एलिफेंटा का
मिले कुछ ताकत खजुराहो से
कोणार्क मेरे हिए पर रोशनी का लेप लगाए
इलाहाबाद के पथ पर अभी भी तोड़ती पत्थर वह
पत्थर लोक को जीवन का कोई संगीत सुनाए

3

गुजरा कोई और दनदनाता
इसके हाथ में कोई ध्वज था
तेज धार की सी छाया मेरे सिर को चीरती चली गयी
या कोई हथियार था भयकारी
टुकड़े मेरे करता गया हजार
या धावा बोलने को आकुल
सोचने मात्र से बचती कोई किशोर पदचाप
मेरा दिल बैठ रहा है

होर्डिंग का वो चेहरा अभी पूरा उभरा नहीं है
चले गये वो पेंटर गुम पैरों से
मेरे सिरहाने ये पागल आकर बैठ गयी है
निकाल अखबार की चिन्दियाँ
चिट्ठियाँ जान बाँचेगी
तान अलापेगी सबकी माँ बहन एक करेगी
फिर थक कर लुढ़क जाएगी
मुझसे गलबहियाँ डालकर

पीले रंग के इस खोल के भीतर मेरा रोम-रोम थरथराता है
मैं किस कन्धे पर सिर रख रोऊँ ।
(2002)

घर–गृहस्थी की कविताएँ

जूते बेटी के

घर भर में फैले हैं जूते बेटी के
जगह–जगह कई जोड़ियाँ

कई बिछड़े हुए जुड़वाँ भाई
एक पलँग के नीचे ऊँघता धूल भरा
दूजा कहीं अल्मारी में
फँसा रह गया लक्कड़ पत्थर के नीचे
दिखा ही नहीं सालों साल

कुछ घिसे हुए पहने गये फ़ट फटा कर मुक्त हुए
कुछ मरम्मत कराए जाने तक टिके रहे
स्कूल की वर्दियों के हिस्से

कुछ एक दम नये नकोर पर मुरझाए हुए
पहने ही नहीं गये
बाल हठ ने खरिदवा लिए
लड़की होने की धज ने पहनने नहीं दिए घर आकर
बेचारे स्पोर्ट्स शूज भारी भरकम
विज्ञापनी अदा में अकड़े और ठसक से रहने वाले दिखते हुए
धरे ही रह गये

माँ बार–बार सहेजने समेटने की कोशिश करती है
सफाई अभियान में कई बार पनिहाँ भी निकल आती हैं

नन्हीं गुदाज छौनों सी
सूटकेसों में बन्द कपड़ों में नर्म नींद लेतीं

निहार कर वापस रख देती है
सफाई के इरादे को स्थगित करते हुए
हर बार पुराने दिनों महीनों और साल दो साल की उम्र के
फ्राकों के साथ सजाते हुए

आषाढ़ का आकाश है गुलमोहर खिले हैं
पीलाई ललाई फैलती जाती है
कमरे की हर शै से होती हुई
रूह के अन्तरतम कोनों तक
एक झँकार रौशनी की
हवा खुशबू से सिहराती हुई
रौशन जमाना हो उठे
क्या पता एक और किलकारी गूँजे
किसी भाग भरे दिन गोद में
ये कपड़े ये मौजे ये जूते तर जाएँ
एक खिलौना घर में आ जाए

बच्ची बहुत मगन है
माँ की चप्पल उसे भी आ गयी
जूते न पहन के बेकार करने की डाँट अब नहीं पड़ेगी
मिल जुल कर पहन लेंगी माँ बेटी
आ गयी उम्र अब
साँझे और भी कर लेंगी राज दस हजार दुनिया जहान के
कभी-कभी नयी उम्र की सैंडल पहन कर
माँ भी हो आएगी बाजार

हिम्मत नहीं होती अभी पूरी तरह से सोचने की

छोटी हो गयी चीजों को अब विदा कह दो

वक्त बीत गया
उड़ गये आषाढ़ के बादल
गुलमोहर झर-झर झर गया आँसुओं की तरह
सलेटी रौशनी है अटकी हुई खिड़की पर
धीमी-धीमी आवाज आ रही है दूसरे कमरे से
तार पर गज घिसने की
वाइलिन है या सारंगी

कोई चला हो जैसे मीलों पैदल
सूखे के दिनों में
बस्ती नहीं
दिखा भी तो पीपल
अपनी गोद में झरे हुए पत्तों के अम्बार समोये हुए

कानों में पड़ रही है दूर कहीं कोई मद्धम कूक
सूखी हुई नदी होगी उसके आगे
उसके पार क्या खबर
कोई रोता होगा दीवार से सिर टिका कर या
बस्ती से दूर जाकर

उठ वे मना
अभी बहुत काम बाकी हैं
तरकाल बेला है
दिया तो बाल
(2002)

ये लोग मिलें तो बतलाना

जैसे घरों को बच्चे आबाद करते हैं
औरतें जीवनदान देती हैं
उसी तरह घर में संजीदगी लाते है बूढ़े

मर्द मैनेजर की तरह अकड़ा हुआ
घूमता और हुकुम चलाता है

घर में कभी करुणा का कोई अँखुआ फूटा होगा
उसे धारा होगा बुजुर्ग ने अपनी काँपती हथेली पर
औरत ने ओट कर रखी होगी अपने आँचल की आँधी तूफान से

बच्चा अगर है तार सप्तक तो बूढ़ा मन्द्र
औरत और मर्द इन्हीं की पेंग पर राग छेड़ते हैं
बन्दिश मध्यम की
कभी-कभी खटराग पर
अहर्निश बजता रहने वाला पक्का राग

बच्चों में भी अगर घर में हो बेटी तो
समझिए घर अमराइयों से घिरा है
गहरा हरा छतनार
झुरमुट
गर्मियों में भी भीतर बसी रहती है
गहरी हरियाली, नमी और ठंडक
बेटी पतझड़ के पत्तों को भी दुलरा के
हवा में छोड़ती है एक-एक
जैसे दीप नदी जल में बहाती है
जैसे सूर्य को भिनसारे अर्घ्य देती है

बेटियाँ बड़ी मोहिली होती हैं
बरसात का मौसम उनका अपना मौसम होता है
एकदम निजी
कहाँ कहाँ से सोते फूटते रहते हैं
उमगता है, अगम जल बरसता है धारासार
प्रकृति रूप-सरूपा बेटी में अठखेलियाँ करती है
बेटियों के लिए घटित अघटित सब कुछ अपना
इतना निजी कि अविभाजित

इतना अविभाजित कि नि:संग
अखिल भुवन इतना अपना कि कुछ भी अपना नहीं
होकर भी न होना बेटी होना है.

बेटे का होना भी कम चमत्कारी नहीं है
फर्क वैसा ही है जैसे मुरली और तबला
मुरली तन्मय करती है, तबला नाच नचाता
मुरली गहराती भीतर, तबला मुखर मतवाला

बेटा होने का मतलब ही है धमाचौकड़ी
घर को सिर पे उठा रखने वाले शरारती देवदूत
घुटरुन चलत राम रघुराई
माँ बाप के घुटने टिकवा दें
बेटे निकल जाते हैं लम्बी खोजी यात्राओं पर
माताएँ बिसूरती रहतीं जीवन भर
वैसे नहीं कुछ और ही हो के लौटते हैं लला
कृष्ण भी कहाँ लौटे
प्रत्यंचा की टंकार होते हैं बेटे

उनकी बहनें न होतीं तो अन्तरिक्ष को थरथरा देते
बहन मानो थोड़ी ठंडक थोड़ा छिड़काव
फुहार पड़ते ही ओठों में मुस्काने लग जाते है
यही मुस्कान अन्तरिक्ष को बचा लेती है बार-बार
देश देशान्तर को, राज्य प्रान्तर को, घर द्वार को
बेटा तोड़ के सीखना चाहता है
खिलौना हो, वस्तु हो या हो सम्बन्ध
बेटी सहेज के जोड़ना जानती है
गुड़िया हो, गृहस्थी हो या हो धरती माता

ये दोनों मुक्त मगन पाखी
आकाश की गहराइयों में खो जाते
अगर घर में बुजुर्ग न होते

ढली उम्र का पका सधा बुजुर्ग जैसे घर का शिवाला
तुलसी का पौधा, नीम का पेड़
जिसके पास है दुनिया जहान का ज्ञान
हर सवाल का जवाब, समस्या का समाधान
आपने पूछ लिया तो गुण गाए
कुछ बताना जरूरी न समझा तो राम राम

जब तक बच्चे उनकी गोद में खेलते हैं
किस्से कहानियाँ लहलहाती हैं
बेटों की बहादुरी की, बेटियों की मेहनत की
कथा बाँच के ताकत पाते हैं बूढ़े
खाते कम गाते ज्यादा हैं
धीरे धीरे सत्ता त्याग करते जाते हैं
तर्पण
यह जेठे बेटे तेरे नाम
यह धीए तू ले जाना
आँख की जोत मन्द होती, देह सिकुड़ती जाती
आत्मा का ताना बाना नाती पोतों के हाथ सौंपते जाते
एक चादर बुनना मेरे बच्चो
उस चादर में महकेगा फूल
खँसोटोगे तो झरेगा
सहेजोगे तो फलेगा

माई होगी जिस घर में
गमकता चलेगा चार पीढ़ी
बाबा के बाद अगर
अकेली रही आई होगी बरसों बरस तो
उसका होना गूँजेगा आठ पीढ़ी
तुलसी के चौरे पर दीवे की लौ सी बलती है माई
धन हो कि न धान हो
माई जैसे पीर की मजार है
सब सुख साधन अन्तस में गुंजन करने लगता है
(2003)

माई

क्या होता है जहाँ
बाहुबल सिरा जाता है
बुद्धिबल छीज जाता है
कोई ताकत अनबूझी घर को भर देती है

बेटी सिर पर धारे घर की लाज चलती है
निर्भय

बाबा न बोलेंगे
गहन ध्यान में मुनिवर ज्ञानी
निर्गुण

आसीस ले आगे बढ़ेंगे राजकुँवर

माई की मुस्कान कमजोर की ताकत
निर्लिप्त

ऐसी सूरज किरण खिलेगी सलोनी
दुख ताप बिंध के चरणों में लोटेगा
निर्मल

कब आँसू का अंजन आँज के
माई की आँख में हँसी तिर जाएगी
कौन जाने

घर भर के राग द्वेष को माँज के सजा देती है माई
दिवाले में जैसे ताँबे की अरघी चमकीली
(2003)

पिता

1.
गला खँखारा
तो अचानक लगा
यह किसके खंखारने की आवाज है
अरे! यह तो पिता खंखारे!!
जैसे गला साफ करते थे
पूजा पर बैठे हुए पाठ शुरू करने से पहले

भतीजे का फोन नहीं आया कई दिन से
मन अटका रहता है
फोन पर बोलेगा, हैल्लो?
घुटे घुटे और बँधे हुए से सुर में
जैसे अपने दादा की युवा आवाज बैठी है उसके गले में

पराजय की थकावट थी अवसाद के झुटपुटे में
बेटी ने चाय का कप थमाया
फुसफुसाहट की तरह मुँह से निकला, थैंक्यू
आखिरी दिनों में हाथ जोड़ कर इसी तरह धन्यवाद देते रहते थे पिता

धूप निकलने पर बिठा दिए जाते थे बरामदे में
शाम ढलने तक धन्यवाद का जप करते थे
सभी जानते थे गिनती के दिन थे
गिनती आती नहीं थी किसी को

उम्मीद की हवा देते थे बदले में दिन रात सब लोग
वे जीए कुछ दिन और
हर अगले दिन थोड़ा कम जीते हुए
देखे को कमदेखा करते हुए
कमदेखे को अनदेखा करते हुए

बहुत बरस पहले शहर की सड़कों पर
सिगरटें फूँकते हुए निकलते थे हम
पिता बाजदफा सामने से आ रहे होते थे
खुद में खोए हुए से
खुद से ही बतियाते
उँगलियों से इशारे करते हुए
पता होता था हमें नहीं देख पाएँगे वे
एकदम सामने से गुजर जाऊँ तो भी नहीं

वे खुद में ही क्या बतियाते थे
वे किसे, क्या कहना चाहते रहे
कहते सुना नहीं उन्हें कभी मन की बात
या हम ही जान नहीं पाए कभी उनके मन की बात

थैले में डाल कन्धे पर लटका कर ले गया
गंगा में बहाने
इतने हल्के इतने अदृश्य
इतने पास इतने स्पृश्य
पलक झपकते सब ओझल हो गया

उठने लगा आदतन गुनगुनाते हुए
अरे! यह तो पिता हैं!!
जिन पर प्यार कभी उमड़ा नहीं
जिन्होंने प्यार कभी दिखाया नहीं
कहाँ कहाँ हैं वे
नहीं?

2.
पेट की त्वचा
उसमें सलवटें
उनमें झुर्रियाँ
उनके बीच सफेद बाल

हल्की सी सिहरन
शरीर के इस हिस्से पर
सड़क पर काम करते नंगे बदन का यह
साँवला सा पिचका हुआ सा पेट

क्या यह पिता के उन दिनों के पेट सा है
जब वे देह के कमजोर होते चले जाने से परेशान थे
फिर भी नहाने से पहले मालिश कर लिया करते थे

बूढ़ा अगरबत्ती बेचने घुस आया सिग्नल पर
नथुने फुलातीं बेलगाम हो भागने को घरघरातीं
मिनट भर को खड़ी गाड़ियों के बीच
कार की खिड़की के पास
निर्वाक निवेदन पर उसके हम पसीजे नहीं
मुस्कुराता हुआ वह आसीस देता हुआ लौट गया
बेबसी का कवच हो जैसे मुस्कुराना
और अपने सम्मान को बचा ले जाना
चुपचाप आभार मानते हुए

पिता को भी जब पता चल गया था
खुद उठना है नामुमकिन
कातर मुस्कुराहट का कनटोप पहन कर
हाथ जोड़ लेते थे
रात रात भर जगे बच्चे कुछ ऊँचा न बोल दें

वो आँखें नहीं हटतीं हैं सामने से जो
आज भी दिख गयीं बांदरा की झोंपड़पट्टी में
एक बूढ़े के पंजर पर
कल दिखीं थीं जिबह करने ले जायी जाती बकरी में
परसों बेरहमी से पिटते हुए एक बालक के चेहरे पर

भय जिसका पारावार नहीं है

मृत्यु के भँवर में गिरते जाने की छटपटाहट
अकेले, क्षीण, असहाय होने का डर

रोज-रोज मृत्यु का सामना करते थे पिता जिन दिनों
आँखों की वो बेचैन दौड़
कोई गोद में उठा ले
बचा ले

रोज-रोज दिखती हैं वो डोलती पुतलियाँ
अनवरत
(2004)

तर्पण

भृकुटियाँ तनी रहीं सोच की प्रत्यांचा पर सालों साल फसल कटे खेतों के खूँटों पर चलना होता था

जब झुके कन्धे तुम्हारे
खिलने लगीं करुण मुस्कान की कोमल कलियाँ
पराभव की प्रज्ञा में झुकी जातीं शस्य वनस्पतियाँ
ओ पिता!

अभी उस दिन बटन बन्द कॉलर में शर्मा जी
अपने में मगन बैठे आकर सामने सिर झुकाए
लगा बुदबुदाएंगे अभी गायत्री मन्त्र ओंठ तुम्हारे
ओ पिता!!

एक समय तुमने कन्धे पर उठाया एक समय मैंने कन्धे पर लटकाया
बीच के तमाम साल क्यों गूँजती रही
केवल प्रत्यंचा की टंकार
कितना ज्यादा खुद को माना

किंतना कम तुमको जाना
ओ पिता!!!
(2013)

कुनबा

बाल कटाकर शीशा देखूँ
आँखों में आ पिता झाँकते
बाल बढ़ा लेता हूँ जब
दाढ़ी में नाना मुस्काते हैं
कमीज हो या कुर्ता पहना
पीठ से भैया जाते लगते हैं

नाक पर गुस्सा आवे
लौंग का चटख लश्कारा अम्मा का
चटनी का चटखारा दादी का
पोपले मुँह का हासा नानी का

घिस घिस कर पति-पत्नी भी सिल बत्ता हो जाते हैं

वह रोती मैं हँसता हूँ
मैं उसके हिस्से में सोता
वह मेरे हिस्से में जगती है

बेटी तो बरसों से तेरी चप्पल खोंस ले जाती है
बेटे की कमीज में देख मुझे
ऐ जी क्यों आज नैन मटकाती है
(2009)

जाना और आना

धूल धुएँ शोर से घुटे और झुके हुए बेगुनाह पेड़ थे सजा काटते
हर जगह की तरह
लोग थे निशाना बींधने छोड़े गये तीर की तरह
उन्हें और कुछ दिखता नहीं था
सड़क चल रही थी
वहाँ और मानो कुछ नहीं था

बच रहे किनारे पर
जैसे बच रही पृथ्वी पर
चल रहे थे चींटियों की तरह
हम तुम
जैसे सदियों से चलते चले आते हुए
अगल बगल जाना वह कुछ तो था

खुद के पास खुद के होने का एहसास था
मैं दौड़ा वहाँ जीवन पाने इच्छा से
तुमने धड़कते दिल को थामा अपनी साँसे रोककर
पता नहीं कब तक

फिर हम तुम
लौटे उसी सड़क पर से झूमते हाथियों की तरह
जैसे किसी दूसरे लोक से किसी दूसरे आलोक में
यह आना तो सचमुच खासमखास था
(2010)

फकत एक मीसल पाव का सवाल है

गुर्राते हुए निकला घर से
गुस्से से तमतमाता

रुका रहता ज्यादा देर तो
सर फटता दर्दे सर से
बर्तन होते दो चार शहीद, सो अलग

लाम को जाते सिपाही की मानिन्द चलता चला गया
शब्द भेधी बाण की तरह शब्द सुने बिना

दौड़ना पड़ा बस पकड़ने वालों की भीड़ में
किसी तरह डंडा आया हाथ में
फिसलते फिसलते पैर फँसा पायदान में
लहरा के सारी देह झूल गयी
पल भर की उड़ान लेकर मुर्गी की तरह फड़फड़ाती
झनझना गयी काया अन्तर बाहर से
हरेक अंग के स्प्रिंग मानो फटाक से खुल गये

जबड़ा ढीला पड़ चुका था
सर अभी भारी था
इस लपलपाते झटके के बावजूद

जा के सीधे कैंटीन में बैठा धड़ाम से
ले आया तम्बी मीसल पाव बिन बोले
नसें ढीली पड़ने लगीं
अंगुलियाँ खुद-ब-खुद आगे बढ़ने लगीं
एक चम्मच गया फरसाण का रस भीगा हलक के अन्दर
नमकीन चटकीला
दमादम मस्त कलंदर

बोझा जैसे उतर गया हो सर पर से
जाला जेसे हट गया आँख पर से
दृष्टि बड़ी हल्की हो के तैर रही है
बारिश के बाद के मनोहारी ठंडे आकाश में

नमक है या लावण्य
दुनिया अचानक भली-सी दिखने लगी है भोली भाली
ख्याल तुम्हारा सताने लगा है

चलो एक मीसल पाव हो जाए साथ साथ
(2005)

टमाटर

सद्गृहस्थ की तरह लौट रहा था काम से
टमाटर खरीद कर
आवाजाही से खदबदाती सड़क में भरे बाजार

बस पकड़ने की हड़बड़ी में
दिखे आने और बगल से निकल जाने के बाद
दो युवक
मिसाइल की तरह

कन्धा अचानक हो गया हल्का
जैसे भार बाँह का
नहीं रहा साथ

लुढ़कते चले जाते दिखे टमाटर
दिशा बे दिशा

भरमाए हुए कबूतर की तरह
लहराती हुई पॉलिथिन की थैली रह गयी पास

कहाँ चले गये शावक गदराए हुए
मेरे हाथ से फिसल कर

बच्चों को ले गया मानो कोई तेंदुआ झपट कर
कोई सुनामी लील गयी गाँव घर को
कोई भूकम्प आ गया सब कुछ को धराशाई करता हुआ
आतंकवादियों का हमला था
या अपहरणकर्ता आ गये
जो मेरे टमाटर मुझसे छिन गये इस तरह
सरे बाजार लुट गया

परकटे पंछी की तरह
हाथ में लहराती पॉलिथिन की फटी हुई थैली की तरह

पैरों तेले ज़मीन थिर हो
तो चित भी स्थिर हो जरा
समझने की कोशिश करूँ
है यह हो क्या रहा!
(2005)

रोना

रोना आँसू बहाने की क्रिया भर नहीं है
खुद को उलीच कर निचोड़ देने की मर्मान्तक प्रक्रिया भी नहीं
आत्मा के वस्त्रों को धोने का दीया बाती जैसा कोई अनुष्ठान कहना भी
रोने के साथ न्याय करना नहीं होगा

बादलों का घुमड़ना और बरस पड़ना जैसा
सदियों पुराना जुमला भी रोने के मर्म को छू नहीं पाता
पर्वत का रोना इस तरह कि
बरसात में जैसे नसें उसके गले की फूल जाएँ
कहना भी रोने को ठीक से बता नहीं पाता

रोना तो रोना
रोने के बाद का हाल तो और भी अजब है
कोई ईश्वर जैसे जन्म ले रहा हो
बारिश के बाद भी धुँधले सलेटी से बचे रह गये
आकाश से झाँकने को आतुर कोई चिलकार
अरबी के धुले हुए से चौड़े पत्ते पर ठिठकी रह गयी
ओस की अन्तिम बूँद में चमकती किसी अरुणोदयी किरण सी
हवा के बेमालूम टहोके से डोलती पारे सी
बरसात के बाद की महकती
खामोशी में टिटिहरी के बोल फूटने से पहले की सी
किसी कर्णप्रिय आवाज के आमन्त्रण की सी

जैसे अल्ली मिट्टी में बीज का अँखुआ फूट रहा हो
या बीज के फूट रहे अँखुए से मिट्टी नम हो रही हो

फिर भी रह रह कर यही लगता है
कि रोना और रोने के बाद का होना कुछ और ही है
बहुत हल्का बहुत खाली
बहुत भारी बहुत भरा हुआ
पास भी अपने बहुत और दूर भी खुद से पता नहीं कितने
(2005)

जूते की जोड़ी

अपनी झुर्रियों, अपनी बिवाइयों, अपनी उधड़नों और अपनी धूल के
बीच में से जब देखते हैं जूते
इस संसार को सुबह सबेरे तो
पड़े-पड़े ही
एक जोड़ी पैरों को ढोने के लिए
घिसटते हुए
दबते-पिसते हुए से साथ हो लेते हैं भूखे-प्यासे
रात को जैसे पैरों से झटके गये और गिरे-पड़े रहे औंधे-पौंधे
वैसे ही नीम बेहोशी में बिना कुछ कहे बिना कुछ सुने

इतराने की वजह नहीं है जूते के पास कोई
पैर है उतना ही सख्त जान
हड़ियल-कड़ियल
न रहे जूता तो भी उठता है धरती पर
उसी ठसक और बेध्यानी से

पैर के होने से जूता है

जूता ठिठकता है कभी
किसी नयी जोड़ी को देख कर
किसी पैर में पड़ी हुई
इतराती सी ग़ुजरती है जब चमचमाती

कुनमुनाता है पैर भी धँसा हुआ इसके अन्दर
सहमा हुआ सा
अपनी आत्मा के श्याम विवर में गिर जाने को उद्धत

सम्भल जाता है पैर दूसरे ही पल
भरता है डग बादशाहों फकीरों जैसे लापरवाह बेपरवाह

ढके रखता है शर्म को जूता सयाना
बरना इधर अँगूठा उधर एड़ी बिदकने लगती है
सीवनों की मर्यादा को लांघ कर

अपनी झुर्रियों, अपनी बिवाइयों, अपनी उधड़नों और अपनी धूल के
बीच इठलाता चलता है
अपने पैरों की मस्त चाल पर होते हुए फिदा
(2006)

धुँध की धुन
(निर्मल वर्मा को याद करते हुए)

रोज थोड़ी बारिश होती रहे
रोज थोड़ी नमी चढ़ती रहे
रोज थोड़ी सड़क सीलन से लथपथ होती रहे

चीड़ की नुकीली पत्तियों के गुच्छों के भार से
झुकी
झूलती लचकीली डालियाँ
पीछे किसी बचपन के नम मौसम में दुबकी रही आईं सी

अँधेरे में चमकती बुहारी हुई सी काली सड़क दूर तक
सरदी गरमी में
अल-सुबह देर रात
चलते हुए
पतझड़ में अन्तिम पत्ते को झरता देखते हुए
बचपन में सड़क को अनन्त तक जाते देखते हुए

मौसम शिराओं में ठंड की तरह धँसता हुआ सा
ट्रैफिक सिग्नल आधी रात में
धड़कन की तरह जलता बुझता हुआ सा
पीछे छूटता जाता टिमटिमाता हुआ सा
छूटती जाती सड़क की लम्बाई बढ़ाता सा

सूरज दिख जाए कहीं भीगा भीगा
दूसरे जनम सा
छूकर लौट जाए बादलों की चादर लपेट कर
दूधिया धुँए में सड़क दिखे कुछ और सपनीली
नमी कुछ उड़ जाए
खुश्की न आए पर त्वचा को खुरचने वाली
पार तक देखने की मोहलत सी मिले
पल भर को
हल्का धुँधलका हो उड़न छू होता हुआ सा
समय में छिटका हुआ सा।
(2006)

हिमालय में हैंडग्लारइडिंग

ओ मेरे रोहताँग! ओ मेर राल्हा!

चलते चले आए नदी के किनारे-किनारे
कहाँ नदी बिछ आई दीवारों के भीतर
कहाँ दिवारें खड़ी हो गयीं नदी के ऊपर
पता ही न चलता कहाँ पर नदी कहाँ गयी धरती

ब्यास के किनारे बस्तियाँ ही बस्तियाँ हैं
उन्हीं के बीच में चलते चले आए
यह मान कर कि चलते चले आए नदी के किनारे
यह जान कर कि बढ़ते चले आए बाजार के हरकारे
नदी सिकुड़ गयी देवदार ठिगने हुए
हमी हम चढ़ते चले आए हर इक दुआरे

रोहतांग के सीने को बींध डाला
गाड़ियों की पांत ने
बर्फ का दम घुटता है इस शहरी खुराफात में

राल्हा दिखता नहीं, मेरे बचपन का पड़ाव
कहते हैं दूर छिटक गया है सड़क के घेर से
(2008)

रोहतांग से दुनिया में वापसी

हवा कुछ बची है चोटियों पर
साँस भरो, हल्का कर देती है
पैदल चल कर आए थे
पंख लगा कर टहलाती है
बची हुई फीकी गदगद हरियाली खुशबू पत्तों की
अनछुई चाँदी शिखरों की
लहराती महकाती उतरातीले चलती जैसे पंछी उड़ता है
सोलंग नाले को निरखा भीड़
भरे वशिष्ठ कुंड को परखा
नग्गर की तरफ उड़ चले
निकोलिस रोरिक के घर जा बैठे
कुछ देवी देवता आए
चन्द्रखणी की तरफ जमलू को सीस नवाया
गर्म धुँध का झोंका मणिकर्ण से आया
भरी उडारी ब्यास के जल को अंजुरी में धारा
पतली कूल में सेबों का बाग निहारा
कुल्लू में पंखधरों के टिकने का ठौर नहीं मिलता
समशी, भूंतर, औट, बजौरा सब बेगाने से
पर्वत पाखी को मुक्त आकाश नहीं मिलता
भारी होते डैनों को पंडोह झील में अर्पित करके
वापस दुनिया में आना पड़ता है
मानुस जैसे पैरों पे चल के
(2008)

जल जीवन की अनन्त काया

1.
खींचकर लाई पहाड़ों की जड़ों से
बहाई सदियों से अजस्र जलधार

हद बाहर रहे आए कुएँ बाबड़ियाँ
नगर हुआ बेहद्द कुछ इस तरह
गलियों मकानों छज्जे चौबारों के बीच
ला बिठाई बावली पुरानी

एक-एक सीढ़ी उतरता हूँ
एक-एक पीढ़ी पीछे मुड़ता हूँ
अँजुरी में जल धरता हूँ
अन्तहीन जीवन हथेली में धरता हूँ

घड़े घड़ोलू या बोतल में ढक्कन बन्द
लुकी हई रहती है बावड़ी प्यारी
जैसे पोतों पड़पोतों के बीच दादी सजल मुस्काती है

आहाते में लोकनियों की सदियों से चलती पंची चहक रही है
छप-छपाक-छप धोने की है गमक गम्भीर
सीलन सिहरन फिसलन में सन्तुलन अद्भुत
अनुभव विचार और दर्शन सारे पछीट कर सुखाए पहनाए
कुनबों के कुनबों को तमीज और तहजीब सिखलाई

एक-एक सीढ़ी ऊपर चढ़ता हूँ
समय में एक-एक पीढ़ी आगे बढ़ता हूँ

घूँट घूँट जल पीता हूँ
अनन्त समय को यूँ नम होकर जीता हूँ

2.
न जाने किस नीड़ से
प्यासे पखेरू-सा
हजारों मील दूर से
उड़ता आता हूँ

बावड़ी है
जल है
जल का स्पर्श है
स्पर्श की स्मृति है

जितना उड़ा अब तक
उड़ने का
उतना ही संकल्प
और भरता हूँ
(2009)

पहाड़ियाँ और झाड़ियाँ
(काँगड़ा के मसरूर में शैल–खनित मन्दिर का इलाका)

हम ऐसी जगह पर उतर आए
जहाँ चोटियों पर चढ़कर
घाटियों में उतर कर
जाना होता था बस्तियों में

जहाँ सरकार को सड़क बनाना तो आसान था
लोगों को पानी की सीर ढूँढना मुश्किल
किसान बीज बोते थे और आसमान ताकते थे
सारी हरियाली कोमलता और मौज मस्ती
काँगड़ा चित्रकला में छूट गयी थी
यहाँ काल से पहले का एक मन्दिर था टूटा हुआ
यूँ दिवाले शिवाले हर कोने में थे
दिल दिमाग पर जड़े तालों की तरह

एक कवि चाहता था हल जोतने के बाद
फुर्सत मिले तो ताली खोजे
पर हर बार ठरकियों की सभा में

तालियों में गर्क होता था

पहाड़ी सैरगाह की नाक के नीचे
बाहर बस्तियाँ
भीतर उजाड़ ज्यादा था
(2009)

दलाई लामा का मैक्लोडगंज

घाटी में पुरातत्ववेता
ईसा से पहले के
बौद्ध स्तूप के अवशेष पाता है

ईसा के बहुत बाद भगाया गया
बौद्धों का राजा
एक चोटी पर शरण पाता है

यहाँ बहुत सारे बौद्ध हैं शरणार्थी
बाकी सारे अबौद्ध हैं निवासी और अनिवासी

जो यहाँ आते हैं सिर्फ सैलानी होते हैं
जो यहाँ रहते हैं वे दुकानें लगाते हैं
(2009)

भागसूनाग

बहुत दूर दिखता है जल प्रपात
बहुत क्षीणकाय हो गया है जल प्रपात
बहुत ज्यादा लोगों से घिरा है जल प्रपात

फुहार इसकी आकाश में ही सूख-सूख जाती
झरती चाँदी में स्नान की आदिम पुकार धरी की धरी रह जाती

भागसू के कुँड ने भी तरणताल का चोला पहन लिया है
मन्दिर कसमसा रहा है
चन्दा उगाही जोरों पर है
नये भवन में बिराजेंगे देवताओं के पत्थर

बल्लभ डोभाल अब तुम कहाँ रहते हो
नोयडा या धर्मशाला
जरा गिनो तो
छिले हुए पहाड़ की पसलियाँ ज्यादा हैं या
लुर-लुर फिरती टैक्सियाँ और ऑटो
पेड़ ज्यादा कटे या लेंटर पड़े ज्यादा
प्लास्टिक ज्यादा जमा हुआ या और भी कम हुआ पानी

बल्लभ डोभाल तुम कहोगे क्या हिसाब लगाने बैठ गये
फल फूल रहा है कारोबार
रोक कोई सकता नहीं

सुनो जी बल्लभ
मैं तो ढूँढ रहा हूँ
अलग-थलग पड़ी हो
मिल जाए चट्टान कोई
बस थकान अपनी मिटा लूँ
ज्यादा देर अब यहाँ रुका नहीं जाएगा
(2009)

भोली इच्छाएँ

1.

धरती पर पैर जमाना दूब की नाईं
टपरी की छत पर चढ़कर फल देना मोटे–ताजे
फिर कुम्हड़े की बेल बन मुरझा जाना
सहना मार रहना मुस्तैद
पर इतने भी बैल मत हो जाना
पुट्ठे पर हाथ फिरे जब बच्चे का
ठिठक सिहर पगुराना
मत बिसराना ।

2.

लौकी बन लटकूँ
मुदगर सी लम्बी हो या हंडिया
फर्क नहीं पड़ता
दिल की बीमारी में बाबा कोई
रस निचोड़ के पिलवा दे या
अन्तस को खाली करके
तार पर सुर तान करके
इकतारा बन बाजूँ
कड़ियल हाथों में साजूँ।

3.

पीतल के तवे पर टन्न से बजे
या लोहे की कटोरी घनघनाए
ऐसी घंटी बन बाजूँ
बेड़ियाँ गल जाएँ
पंख लग जाएँ
बेहद्द तक फैले गूँज
बाल गोपाल दुनिया भर के
खिलखिलाएँ।

4.

छुरे और छर्रे
बन्दूक और भाले
राइफल और रॉकेट
आग लगे और गल जाएँ
पटड़ियाँ बन बिछ जाए सारा लोहा
तोड़ने वालों की छाती पर दौड़ूँ
जोड़ने वालों की बन कर रेल।
(2009)

प्रेतबाधा

बड़ी तकलीफ में हूँ
आँत मुँह को आती है जी
रह-रह कर ठाकुर पतियाता हूँ
समझ कुछ नहीं पाता हूँ
किस राह आता किस राह जाता हूँ

गली में निकलता हूँ
होठों में मनमोहन मिमियाता है

नुक्कड़ पर पहुँच पान मुँह में डाला नहीं
येचुरी करात भट्टाचार्य एक साथ भाषण दे जाता है

उठापटक करवाता मेरे भीतर नम्बूदरीपाद डाँगे पर
यहाँ तो पिछला सब धुल-पुंछ जाता है

बाजार की तरफ बढ़ता हूँ
ईराक अफगानिस्तान पाकिस्तान हो के
कश्मीर पहुँचा देता है बुश का बाप और बच्चा

बराक ओबामा गाँधी की अँगुली थामे
नोबल के ठीहे से
माथे पर कबूतर का ठप्पा लगवा लाता है

नदी पोखर की ओर निकलना चाहता हूँ
कोपनहेगेन–क्योटो बंजर–बीहड़ गन्द–फन्द कचरा–पचरा
पैरों से लिथड़ा जाता

मुझमें ओसामा गुर्राता है
बिल गेट्स मुस्काता मर्डक कथा सुनाता
अम्बानी नोट दिखाता है
अमर सिंह खींस निपोरे नेहरूजी बेहोशी में
मुक्तिबोध हड्डी से गड़ते
मार्क्स दाढ़ी खुजलाते टालस्टाय की भवों के बीच
अरे! अरे!! ये बापू आसाराम कहाँ घुसे आते

छिन्न–भिन्न उद्विग्न–खिन्न
तुड़ाकर पगहा पदयात्रा जगयात्रा पर जाना चाहूँ
रथ लेकर अडवाणी आ डटते
रामलला को गाँधी की धोती देनी थी
उमा भारती सोठी ले भागी

जागूँ भागूँ जितना चाहे
वक्त के भंजित चेहरे
चिपके–दुबके लपके–लटके अन्दर–बाहर
बौड़म मुहरे जैसा कभी इस खाने कभी उस खाने में
भौंचक–औचक घिरा हुआ पाता हूँ
अपनी ही जमीन से खुद को हजार बार गिरा हुआ पाता हूँ

जेब में तस्वीरें थीं नरेंद्रनाथ भगत सिंह की
पता नहीं कहाँ से राम लखन सीता माता
हनुमान चालीसा गाने लग जाते हैं

गिरीश कर्नाड कान में फुसफुस करते
मंच पर गुँजाएमान हो उठता है
खंडित प्रतिमा भंजित प्रतिमा

प्रतिमा बेदी लेकिन किन्नर कैलास गयी थी
यह ओशो का चोगा पहने
गाँधी जी दोपहर में कहाँ को निकले हैं

झर गये सूखे पत्तों जैसे
किसने कहा मेरे पंख उगे थे

बड़ी तकलीफ में हूँ साहब
आँत मुँह को आती है
कबूतर ने अंडे दे दिए हैं
बीठ के बीच बैठा हूँ
करो कुछ करो
मुझ नागरिक की प्रेतबाधा हरो!!
(2009)

क्या करूँ कोरा ही छोड़ जाऊँ कागज?

क से लिखता हूँ कव्वा कर्कश
क से कपोत छूट जाता है पंख फड़फड़ाता हुआ
लिखना चाहता हूँ कला
कल बनकर उत्पादन करने लगती है
लिखता हूँ कर्मठ पढ़ा जाता है कायर
डर जाता हूँ लिखूँगा कायदा
अवतार लेगा उसमें से कातिल

कैसा है यह काल कैसी काल की रचना-विरचना
और कैसा मेरा काल का बोध
बटी हुई रस्सी की तरह
उलझते, छिटकते, टूटते-फूटते
पहचान बदलते चले जाते हैं
शब्द अर्थ विचार आचार और व्यवहार

क से खोलना चाहा अपने समय का खाता
क से ही शुरू हो गया क्लेश

क्या क्ष त्र ज्ञ तक पहुँचना होगा मुमकिन?

जब जुड़ेंगे स्वर व्यंजन
बनेंगे शब्द
फिर अर्थगर्भा शब्द

वाक्य और विचार
आचार और व्यवहार

तो किस किस तरह के खुलेंगे अर्थ
और कितना होगा अनर्थ

क्या करूँ कोरा ही छोड़ जाऊँ कागज?
(2010)

रीडेवलपमेंट

कब तक रहोगे इस नादानी में कि
गली में जो दिख रहे हैं मायूस और हारे हुए मकान
वहाँ बस्ती की रूह की पपड़ी झड़ रही है

देखो इनकी दीवारों में छिपा गगनचुम्बी लिफ्टों वाला चमचमाता भविष्य
लोहा लक्कड़ अस्बाव की कीमतें सुनकर गश आता है तो
निकल लो पतली गली से

यहाँ राशन की लाइन में लगने का सवाल नहीं उठने वाला
उठने के बाद मशीनों पर पसीना बहाऊ कसरत होगी
हसरत कोई बाकी नहीं रहेगी
सब जगह से फटे पड़ रहे जिस्म से
रिसती हुई धौंस होगी

तुम्हारा कोई काम नहीं है अब यहाँ
कोई दूसरी ही कौम आएगी
अपने ऊपर नाज करने
तुमसे बिना पूछे तुम पर राज करने

तुमने अँगुली पकड़ के चलना सिखाया होगा तो भी क्या
तुम्हारा मुँह बेशक आगे को है तो भी क्या
कदम पर पीछे को लौट-लौट जाते हैं

अँगुली छुड़ाकर जो सरपट आगे भागते जाते हैं
पहचान में नहीं आते हैं

बस सनक है तुम्हारी पेड़ के नीचे और पानी के पास बैठने की
सुकून को जिस पत्थर पर घिसकर
तिलक की तरह सजाना चाहते थे
आलीशान धोबीघाट में बदल गया है
जो सार्वजनिक लॉण्ड्री की तरह चलेगा

डॉमिसाइल सर्टिफिकेट ले तो आओ
पर गली बनी जाती बाजार पथ
क्या फर्क पड़ता है
कहो बाजार पथ या राज पथ

बहुत जल्द मिलने वाला है प्लास्टिक का एक कार्ड
जीवन-मरण-भरण-धरण की सारी फेहरिस्त उसमें होगी
आँकड़ों में नत्थी तुम्हारा अगम-निगम
हर चीज का हिसाब लिया जाएगा
नहीं दिया जाएगा पर कोई जवाब

चुपचाप निकल लो पतली गली से
रोने धोने का सीरियल मत बनाओ

जिस भाव जब तक मिलें
अन्न के दाने चार खा लो
टनों टन हाड़ तोड़ उगाओ
सड़ने के वास्ते देते जाओ
थोड़े कैप्सूल आइरन के जेब में सम्भाल लो
ताकि दिल मरदुआ सम्भला रहे
(2010)

अदालत में पेड़ की पेशी

(बरसात में पेड़ के गिरने से व्यक्ति की मृत्यु होने पर)

माई लॉर्ड! माफ करना, आप लोग
राजू श्रीवास्तव टाइप मजाक कड्डाल रहे हो मेरे साथ
झाड़-झँखाड़ आ के बयान दे!
मतलब है कोई?
आदमी होता है इधर-उधर डोलता है
हँसता-रोता सोचता-बोलता है
हमारी जात में यह ऐब कहाँ!

कत्ल का कलंक माथे पर लगा दिया
बचने का रस्ता निकाल लिया
अब बोलोगे अनाज को भी हाजिर करो
खुले गोदामों में जो सड़ रहा है
फिर हुक्म दागोगे
उसको भी लाइन हाजिर करो
जो भूखों मर रहा है

एक बार हिम्मत करके प्रधानमंत्री से भी पूछो
वो क्या करता है और किसका करता है

एक बात बोलूँ जज साहेब
अपना डेरा-डंडा उठाकर आ जाओ

मेरी डाल पर टांग दो अपना तराजू

जब तेज–दिमाग ईमानदार बन्दे
गलत मशीन के सही पुर्जे बन जाते हैं
तब परिन्दों के पर जल जाते हैं
फिर पेड़ भी कहाँ खड़े रह पाते हैं
(2010)

रोजनामचा

मैं 365 दिन वही करता हूँ जो
उसके अगले दिन करता हूँ
मुझे मालूम है कि मैं 365 दिन वही करता हूँ और
मुझे 365 दिन यही करना है
वही-वही नयी बार करता हूँ
हर बार वही-वही नयी बार करता हूँ
कई-कई बार नयी-नयी बार करता हूँ
नये को हर बार की तरह
हर बार को नये की तरह करता हूँ
वार को पखवाड़े-पखवाड़े को महीने-महीने को साल-साल को
दशक-दशक को सम्वत् की तरह
सम्वत् को साँस की तरह भरता हूँ
फाँस की तरह गड़ता हूँ साँस-साँस
फाँस-फाँस साँस-फाँस
न अखरता हूँ न अटकता हूँ
भटकने का तो यहाँ कोई सवाल ही नहीं
अजी यहाँ तो सवाल का ही कोई सवाल नहीं
उस तरह देखें तो यहाँ ऐसा कुछ नहीं
जो लाजवाब नहीं
न, मेरे पास लाल रंग का कोई रुमाल नहीं
न मैं गोर्वाचोव हूँ जिसने फाड़ दिया था
न वो बच्चा हूँ जिसके पास था

और कि जो 365 दिन की रेल को रोक दे
कोई खटका नहीं झटका नहीं
कभी कहीं अटका नहीं
ऐसी बेजोड़ है 365 दिन की
अनन्त सुमिरनी
घिस-घिस के चमकती
कहीं कोई जोड़ नहीं
न सिर न सिरफिरा
बस गोल गोल फिरा फिरा मारा मारा फिरा
और फिर यहीं कहीं कहीं नहीं गिरा
गिरा गिरा गिरा
(2011)

गेहूँ

मुझे बोरी में मत भरो लोको
बाजार में लुटेरों सटोरियों के हाथ बिकने से बचा लो
खाए अघाए का कौर बनने को
सरकारी गोदामों में सड़ने को
मजबूर मत करो भाइयो

उससे अच्छा है खेत में ही खाद बन गलूँ
ओ लोको बोरियों में मत भरो मुझे

कोई जाँबाज बचा नहीं
बेजान की जान बचाए
बच जाए दाना
भूखे के मुँह दाना जाए

रोको लोको रोको इस धर्मी कर्मी दुनिया में सरेआम
मौत को गले लगाता मारा जाता मेरा जीवनदाता
रोको लोको कोई रोको लोको
(2011)

अकेले खाना खाने वाला आदमी

अकेला आदमी खाना खा रहा था
जैसे पृथ्वी पर पहला मनुष्य जठराग्नि का शमन कर रहा था
एक कौर पीस ही रहे होते दाँत
अँगुलियाँ दूसरा चारा डाल आतीं मुँह की चक्की में
आँखें अदृश्य में पीछा करना चाह रही थीं स्वाद का
लेकिन इससे पहले हलक के नीचे ढूँढ़ रहा था
पेट की खोह में जा कहाँ रहा है कौर दर कौर
इच्छा तेजी से तृप्ति पाने की थी
मशीन धीमी चल रही थी
नतीजतन गाल एक गेंद में बदल गये थे
और दन्देदार गोले की मानिन्द हिल रहे थे

मैं मक्खी की तरह उड़ान भरके देखने गया था खाने का जलवा पर
झापड़ खाकर मेज के कोने में दुबक गया था पंख तुड़ाकर

खाना खाने की मशीन धीमी थी पर मदहोश थी
तृप्ति की तलाश के अधरस्ते में
आँखों के कोने से दो बूँद ढुलक पड़ीं
थाली के किनारे जा बैठीं वो औरतें थीं
जो अकेले खाना खाते आदमी के जीवन में आईं थी
अब तक और आगे भी आने वालीं थीं
किसी ने हाथ से खिलाया था किसी ने छाती से लगाया था

धीरे-धीरे होश में आने लगी अकेले खाना खाते आदमी की मशीन
झूमने सी लगी उसकी देह
पीछे हट गये लोग बाग जो उसके जी का जंजाल बने हुए थे
और खाना खाते देखने न जाने कब से
उसकी थाली के इर्द गिर्द जमा हो गये थे
यह सोच कर कि यहाँ मदारी का तमाशा हो रहा है
किरकिल डंठल कच्ची रोटी की शक्ल में
खाने की मेज की शान बिगाड़ रहे थे ये तमाशबीन

जब पानी पीने की बारी आई
अकेले खाना खाते आदमी की खाना खा चुकने के बाद तो
नमी-सी छा गयी सारे माहौल में
सभ्यता में लौटने की हवाएँ चलने लगीं

खाने का बिल चुकाने के बाद
अकेले आदमी के माथे पर बल पड़ गये
जहाँ लिखा था दाम फिर बढ़ गये हैं
पेट भराई का अब कम दामी ठिकाना ढूंढ़ना होगा

अचानक मैंने खुद को उड़ते हुए पाया
जूठन से लिथड़ी हुई थाली के किनारे पर
पीछे मेज चमका दिया गया था चकाचक
अब यहाँ विराजेगा
अगला अकेला खाना खाने वाला आदमी
(2011)

आँख में एक आँसू सूख गया है
निकलता नहीं
किसी भी दिशा में देखने पर रड़कता है
आइने का सहारा लेता हूँ कि निकाल फेंकूँ
आँसू के इस कंकड़ को
अरे यह तो खून का आँसू है
आँख झपकने पर उसके गिर्द और ज्यादा रक्त लिपट जाता
अपने ही भार से वह लुढ़कने लगा
हथेली में सँभाला
कंचे की तरह डोलता हुआ
आनन फानन सारे घर की रद्दी कबाड़ी के हवाले की
जिसमें तमाम खबरों और खुराफातों से बेहाल
पेड़ों की कराह अचेत पड़ी थी
चली गयी कागज की तहों में चिपकी हुई
तमाम हमउम्र सिड़ी लोगों
निराशा के गर्त में गिरे बूढ़ों की नजर बचाकर
कंचे को केले के पत्ते पर धारा
कि कुछ ठंडक मिले
सहमे हुए बच्चों ने उसे काँपते हाथों से थामा
कंचा फूलता जाता था
मानो फ्राइंग पैन में रखा था फूली हुई शिराएँ चमकती थीं
मुल्क की सरहदों की तरह

बच्चों के चेहरे गर्मी और घुटन से फक्क पड़ गये थे

दुनिया के सारे फक्कड़ या तो पुलिस कस्टडी में थे या मॉलों में
चतुर लोगों ने मुझे डॉक्टर के पास जाने की सलाह दी
मैं सोचने लगा आँख का या दिमाग का
(2012)

ब्लेड की धार पर

कार के एफ एम में जैसे ही विज्ञापन बजा
बिस्तर पर जाने से पहले फलाने ब्लेड से शेव करो वरना
बीवी पास नहीं फटकने देगी
चिकना चेहरा दिखलाओगे दफ्तर में
बीवी को दाढ़ी चुभाओगे यह नहीं चलेगा
याद आया ओह! रेजर रह गया बाथरूम में बाल फँसा झाग सना

आदतन कार चलती चली जाती थी वो मुस्कराया
यह औरतों को बराबरी देने का बाजारी नुस्खा है या
ब्लेड की सेल बढ़ाने का इमोशनल पेंतरा
फिर उसे लगा सच में ही चुभती होगी दाढ़ी पर
कभी बोली नहीं
उसे प्यार आया बीवी पर
और वो स्वनप्नलोक में चला गया

जैसे ही देहों के रुपहले पट खुलने की कामना करने लगा
दुःस्वप्न ने डंक मारा मानो वो नर-वृषभ है
नारियों के रक्त सने हैं उसके हाथ
मदमत्त वह चिंघाड़ता हुआ दौड़ रहा सड़क पर
रोड़ी की तरह बिखराता चला जा रहा संज्ञाविहीन नारी देह
एक के बाद एक अखंड भूखंड पर
तभी उसकी दौड़ती कार की विंडस्क्रीन पर
टीवी मटकने लगता है जिसमें

लाइव टेलिकास्ट आ रहा है दौड़ती बस का
फेंकती जाती नारी देहों का
बस के स्टीयरिंग पर वही है, कंडक्टर वही सहस्त्रमुखी अमानुष वही है
हड़बड़ाहट में चैनल बदलता है
उसके हाथ की रॉड यहाँ मोमबत्ती बन गयी है दुख और क्रोध और हताशा
और अपराध-बोध में गड़ा जाता
खड़ा पाता खुद को महिलाओं के साथ

नृप-वृषभों के सम्मुख है
सींग अड़ाता वही है युवा-वृष
सारे दृश्य को तत्काल बदल डालने को आतुर
कोमल और सुकुमार और मानवीय रचना को व्याकुल
जैसे टीवी की चैनल न बदली दुनिया बदल डाली

तभी सिग्नल पर उसकी कार धीमी पड़ती है
बगल से ट्रैफिक पुलिस शीशा खटखटाता है
कार के शीशे काले क्यों हैं
चलान कटवाइए या लाइसेंस लाइए वह झुँझलाता है
निकाल दूँगा हाँ निकाल दूँगा
अभेद्य पर्दे तमाम
फिर भी कितना पारदर्शी दिखूँगा
और करोगे रक्षा क्या तुम भी इन्स्पेक्टर
हाथ फैलाए खड़ा वह रहा वर्दीधारी नर-पुंगव
भिक्षा की मुद्रा में फैली यह हथेली
दरअस्ल काठ के प्रधानमन्त्री की हथेली थी जिस पर देश का भविष्य अथाह
कटी-फटी रेखाओं के जाले में फँसा था

बिना कुछ किए वो हरी बत्ती की पूँछ पकड़ कर
चौराहे का भँवर पार कर गया
अब विंड स्क्रीन से उसका बाथरूम दिखने लगा था
जहाँ बीवी ने उसका रेजर ही नहीं चड्ढी बनियान भी धोए और
अब वो फर्श पोंछ रही थी

एफ एम वह कब का बन्द कर चुका था
सोच रहा था विंड स्क्रीन पर निरन्तर चलते चैनलों का रिमोट
हासिल करने के लिए
क्या वह पीआईएल दायर करे
करे तो करे पर कहाँ करे
(2013)

कहना-सुनना

ध्यान बँटाई

कहने वाले को कहना था
सुनने वाला भी तैयार था
बात का इंजिन घरघरा के
साँस को आवाज में बदलता
आवाज लफ्जों का चोला पहनती
हवा के मैदान से होकर
सुनने वाले के कानों की तरफ चलती
तब तक सुनने वाले का ध्यान बंट चुका होता था
कहना इच्छा की तरह लटका रह गया होता था अधर में

ध्यान बाँटने का सामान बेथाह था
कहने की कोशिश इच्छा के ककून में रहती थी
उस युग में
सुनना स्थगित था
उस युग में
ध्यान बँटाई का अनिर्वचनीय सर्वव्यापी सर्वशक्तिशाली
तांडव
चालू था

उस युग में

उस युग में
कहने वाले थे
सिर्फ कहने वाले ही थे
उस युग में
कहने वाले को सुनने वाले की परवाह न थी
कहने वाला कहता था बड़बड़ाता था गुर्राता था या चिल्लाता था
रोता बिसूरता था या
चुप टुकुर-टुकुर ताकने में व्यक्त होता था उसका कहना

उसे भी पता नहीं होता था
वो क्या कहता है क्यों कहता है
उसे सिर्फ कहने की पड़ी थी
कहने वाला कहता था
कह दिया समझो सब सुलट गया
उस युग में

सुनना

उस युग में सुनने के साधन अपरम्पार थे
और अधुनातन थे
सुनाने के सारे बन्दोबस्त चाक चौबन्द थे
सरकार सुनाती
व्यापारी सुनाता
उनके लंग लफंग सुनाते
सब कुछ सुना डालना चाहते थे सब कोई
साम दाम दंड भेद से
उस युग में

कोई रह नहीं सकता था सुने बिना
उस युग में

सुनने वाले हर वक्त पिनक में रहते थे
सुने हुए की
सब कुछ सुन लेने की
छूट न जाए कुछ सुनने से
जगते में सोते में
जीते में मरते में

इसकी परवाह नहीं थी सुनने वाले को
क्या सुना है क्यों सुना है
उस युग में

सुनाने वाला जानता था
सब कुछ
उस युग में
2013

विजेताओं का आतंक

इतनी जोर का शोर होता था कि ख़ुशी की भी डर के मारे चीख निकल जाती थी
असल में वो खुशी का ही इजहार होता था जो शोर में बदल जाता था
खुशी को और विजय को पटाखों की पूँछ में पलीता लगाकर मनाने का चलन था
सदियों से
ये सरहदों को रोंद कर दूसरे मुल्कों को फतह करने वाले नहीं थे
ये तो अपनी ही जमीन पर ताजपोशी के जश्नों से उठने वालों का कोलाहल होता था
धमाके इतने कर्णभेदी होते थे कि पटाखे चलाना कहना तो मजाक लगता था
विस्फोट ही सही शब्द था बेलगाम खुशी और महाविजय के इस इजहार के लिए
ए के फॉर्टी सेवन की दनदनाती हुई मृत्यु वर्षा की तरह

धुँए और ध्वनि का घटाटोप था आसमान में ऐसा कि हवा सूज गयी थी
गूमड़ बन गये थे जगह जगह, कोढ़ के फोड़ों की तरह
जिस भूखंड में जितनी ज्यादा खुशी वहाँ के अम्बर में उतना ही बड़ा और सख़्त गूमड़

प्राचीन सम्राटों के अट्टहास ऊपर उठ कर पत्थरों की मानिन्द अटके हुए थे
पृथ्वी की गुरुत्वाकर्षण की सीमारेखा पर
उनके नीचे बादशाहों के फिर

राजाओं रजवाड़ों सामन्तों जमींदारों सरमाएदारों के ठहाकों के रोड़े
हैरानी तो यह थी लोकतन्त्री राजाओं जिन्हें जनता के प्रतिनिधि कहा जाता था
उनकी पाँच साला जीतों का विस्फोट भी
आसमान में चढ़ कर सबके सिरों पर लटक गया था
गूमड़ दर गूमड़

वायुमंडल में बनी इस ऊबड़-खाबड़ लोहे जैसी छत में
परत दर परत पत्थर हो चुकी खुशियाँ थीं
असंख्य विजेताओं पूर्वविजेताओं की
धरती से ऊपर उठती
आसमान का इस्पाती ढक्कन बनी हुई

दम्भ का सिंहनाद
गूमड़दार लोहे की छत की तरह था
जिसमें से देवता क्या ईश्वर भी नहीं झाँक सकता था

दनदनाते विजेताओं के रौंदने से उड़ रही धूल ने सब प्राणियों की आँखों को
लगभग फोड़ ही डाला था
पीढ़ी दर पीढ़ी
जीत की किरचों से खून के आँसू बहते थे अनवरत
जिसे आँखों में नशीले लाल डोरे कहा जाता था
जड़ता के खोल में बन्धुआ होती जनता को
हर दिन महाकाय होते जश्न का चश्मदीद गवाह घोषित किया जाता था
सदियों से
(2014)

रिश्तों की गर्मी

रेलगाड़ी छूट न जाए इस हड़बड़ाहट में
चार जनों को पूछ लेने के बाद जब मेरी चमकती जेब दिखी
तो लपक के माँग ली मुझसे कलम
मैं झिझका पहले इस महँगे फाउटेंन पेन की निब भोंथरी न कर दे कहीं पर
हाथ ने मेरे निकाल कर दे दी अपने आप

निरच्छर दिखती मौसी ने खुद से आधी उमर की धीया से
पर्ची पर लिखवा कर मुट्ठी में भींच लिया मोबाइल नम्बर
धीया ने भी मुसे हुए रुमाल में लुका ली अपनी पर्ची टीप करके
पकड़ाने के बाद
अतिकीमती सामान की तरह फिर गहरी तहों में ओझल कर दिया रुमाल

रेलगाड़ी से निकल जाएँगी ये गंवनियाँ सजी-धजी
दुनिया के हाशिए फलाँगती
खूँदने अपनी अपनी जिन्दगानियाँ
किसी अपने का नम्बर है दोनों के पास
दो संसारों को जोड़ता अनदीखती सी आस जैसा
बैठा हुआ कोई बहुत ही पास जैसा
मीलों लम्बी दूरी में भी जुड़े अपनेपन के बेतार वाले तार जैसा

फाउटेंन पेन आया जब लौट कर रिश्तों की गर्मी की ले-दे में पगा हुआ
अपनी हेकड़ी से शर्मसार किंचित झुका-झुका
मेरी धड़कन बढ़ाता रहा
सीने पर मेरी जेब में पड़ा-पड़ा
(2014)

कठपुतले

वे साफ और सादे कपड़े पहनते हैं
लेकिन सलीके से
न कोई सिलवट न झोल
हमेशा कोरे के कोरे

उनकी आवाज बड़ी साफ और सधी हुई
लेकिन मद्धम
न कोई सन्देह न भय
न भर्राई न कर्कश हुई कभी
हमेशा सम पर थिर

उन्हें बड़े लोग मिलने आते हैं रोज-रोज
मिनट दर मिनट किससे होगी
उनकी मुलाकात तय है

वे बड़े लोगों से मिलने जाते हैं रोज-रोज
मिनट दर मिनट किससे होगी
उनकी मुलाकात तय है

वे विचार नहीं करते फैसले देते हैं
वे बात नहीं करते आदेश देते हैं

उनके पास सब पहले से तय होता है
फिर भी वे योजनाएँ बनाते हैं

वे सोचते हैं उन्हें सब कुछ पता है
वे नहीं जानते वे किसके कठपुतले हैं

वे सिर्फ सभा समाज में दिखते हैं
आम जनता की तरह उतरते होते अगर
सड़क चौराहे पर
कब का हिसाब बराबर कर चुकी होती जनता
2003

बेसुध औरत

बहुत रात गये एक औरत सुबकती है
जनरल् वार्ड के एक बिस्तर पर
लगभग बेसुध पड़ी इस औरत को शायद
एहसास हो कि रात है
बीमार और जीवन को किसी तरह बचा ले जाने की
थकान ओढ़ कर लोग सो रहे हैं
औरत के सुबकने का भँवर लहराता हुआ
बीमारों के सिर के ऊपर से गुजरता है
जनता-बाथरूमों वाले कोने से कपड़े
पछीटने की आवाज आ रही है
बेसुध औरत का आदमी रोज रात
ढाई बजे उठ कर कपड़े धोता है
सुबकी का भँवर कपड़े धोने की आवाज को
अपने आगोश में लेते हुए
वार्ड के बिस्तरों के ऊपर छत को छूता हुआ
अटका रहता है हल्की हवा की तरह
बेमालूम ढंग से यह हवा बाहर की हवा में घुल जाएगी

बेसुध औरत अपने आदमी की सारी
थकान मिटा देना चाहती है
थपकियों से उनींदी लाल आँखों को
कोहेनूर हीरे में बदलना चाहती है

उसे कुछ पता नहीं चलता
जब डॉक्टर राउंड लगा कर चला जाता है
नर्स देगी अब दवा
एक स्पर्श की चुभन से फूट पड़ती है रुलाई
फँसे हुए भारी गले की मोटी आवाज
वार्ड के बिस्तरों के ऊपर छत से टकराती
कई मील का चक्कर लगाती निढाल पड़ती जाती
बेसुध औरत के पिछले दिन धुले कपड़ों की सीलन में जज्ब होती

कल इन कपड़ों के साथ उसकी अपनी रुलाई भी चिपकेगी
बेसुध औरत के शरीर से
जैसे आज पहने उसके कपड़ों में उसके आदमी की
रुलाई की एक परत जमी हुई है
(2003)

बेसुध औरत का आदमी

डॉक्टर जब राउंड पर आता है
किसी बफादार कारिंदे की तरह हाथ जोड़े
चौथी पाँचवीं सीढ़ी के मातहत अफसर की तरह
बड़े अफसर की हर हरकत पर निगाह बाँधे
हर आवाज पर कान साधे
दहलीज के बाहर मुस्तैद कारकून
डॉक्टर के किसी कहे अनकहे आदेश के इन्तजार में खड़ा
बेसुध औरत का आदमी

डॉक्टर कोई पर्ची देगा
और वह संजीवनी लाने उड़ चलेगा
बेसुध औरत का आदमी बाद में छोटे डॉक्टर या नर्स से भी पूछता है
धीमे सुर में तहजीब से
मेहतर से भी दरयाफ्त कर ही लेता है
कहीं डॉक्टर ने कोई दवा लिखी तो नहीं
जिसे लाने में या मंगवाने में या बताने में कोताही बरती जा रही हो

हड़बड़ाते हुए जाता है वार्ड के बाहर
सोचते हुए कुछ जरूरत न पड़ जाए बेसुध औरत को
बिना वक्त गँवाए खाना खा के दौड़ा चला आता है
वार्ड में किसी चमत्कार को घटित होते देखने की आशा में
बेसुध औरत का आदमी

रह रह कर कुछ चिटकने लगता है बेसुध औरत के आदमी के अन्दर
वह तपाक से मदद का हाथ बढ़ा देता है पड़ोसी मरीज की तरफ

जब सब सो जाते हैं
वह खिड़की की जाली से आसमान ताकने लगता है
जाली के असंख्य चौकोर छेदों में से किसी एक में से
बाहर निकालना चाहता है वह अपनी नजर
(2003)

नहाना

1

आज भी रोज की तरह पहले धोए हाथ
फिर डाला जल पैरों पर
छाती पर गिरीं चन्द बूँदें चमकती हुईं
सिर के बालों में फँसी दूब पर ओस की चाँदी
सावधानी के बावजूद उछल के जा पड़ीं पीठ पर
सुई की तरह चुभती हुईं
मुम्बई के बाथरूम में नहाते हुए भी झुरझुरी-सी

झर-झर झरने लगा जब जल
रोंए जो खड़े हुए थे स्वागत में पल भर को
बहते पानी में बहने लगे लहराते हुए
घास जैसे जमीन की छाती से चिपकी चली जाती है
पहली बारिश से बनते नदी नौलों में
लगता है पानी खड़ा है बहे जा रही है घास ही
किसी अनबूझे उछाह में

एक फुनगी ने सिर उठाया बरसती बूँदों के बीच आँखें झपकते हुए
नर्मदा माई की पद यात्रा पे निकलूँ अमृतलाल वेगड़ की तरह
पर भोलेपन में महिमा न गा जाऊँ सरदार सरोवर की
विस्थापितों और डूब रहे गाँवों की तरफ डग बढ़ाऊँ
सुन्दरलाल बहुगुणा का तप फले
टिहरी गढ़वाल जैसी जगहों की जल समाधि टले

विन्ध्यवन में भटकूँ
पहाड़ों की सैरगाहों में जा पड़ा रहूँ निर्मल वर्मा की तरह
पर उनकी राह पकड़ गुजरात न जाऊँ
हर्ष मन्दार की आवाज गली-गली गुँजाऊँ

साबुन मला तो झाग बनने लगा
हल्का रुई-सा सफेद दूध-सा
बर्फवारी हुई कश्मीर में इस बार बहुत देर बाद
अग्निशेखर भटकते रहते हैं जम्मू और दिल्ली के बीच
कोई ले कर चले

सब के सब चल पड़ें
तम्बुओं कैंपों से बाहर निकल
पैदल पार कर नेहरू टनल और खूनी नाला
हुजूम उतर आए घाटी में
एक पूरी सर्दियाँ रहें सब अपनी वादी में
धूप खिले झर-झर झरे बरसात

बह गया फेन
रह गया देखे किसी सुन्दर सपने का उजाला त्वचा पर
नहलाता हूँ देह तिरती जाती है रूह

अब समझ में आया बेटी नहाने से इतना क्यों कतराती है
करने लगो जब स्नान
लग जाता है कैसा ध्यान

शुक्रिया उनको जिन्होंने बाथरूम बनाए और उनमें फुहारे लगाए
उनको और भी ज्यादा शुक्रिया जिन्होंने नलों में पानी छोड़ा भरपूर
खुदा सबके नसीब में लिखे रोज-रोज नहाना
देह का खिलना और
रूह का खिलखिलाना

2

गुजरात से अपूर्व भारद्वाज का फोन आया
साहित्य के पुराने परिचित पाठक ने
दुआ सलाम के बाद
खोज खबर ली घर की घरवालों की
पढ़ाई-लिखाई की
हर बार की तरह

गुजरात पे लिख डाली होगी आपने भी
गुजरात गये बिना ही
कविता कोई

बाहर निकला करिए

तब लिखिए कविता
दोहराया बरसों पुराना जुमला

निकलूँगा जरूर निकलूँगा
सम्भाली मैंने भी वही बरसों पुरानी ढाल
गुजरात ही नहीं
कश्मीर असम और उड़ीसा भी
हर जगह जहाँ है दुख तकलीफ
मौजूद रहना चाहता हूँ

हाँ हाँ आप डाक्टर हैं
रहते रहिए खुशफहमी में

फिर भी हिलिए तो

तप उठे कान
गीला था तौलिया चिपकता हुआ
फैंकना था तौलिया फिंक गया फोन

तौलिया उलझता चला गया पैरों में
पाठक प्रिय से सम्पर्क गया टूट
झल्लाया मैं सच सुन कर नाहक
क्यों कर किस पर?
(2003)

सिरकटा लैटर बॉक्स

(एक टूटे हुए लेकिन सेवारत लैटर बॉक्स के सूखे हुए आँसू)

खोपड़ा फट चुका है पर चिट्ठियाँ डलती हैं
ताला खुलता है डाक निकलती है ताला बन्द होता है
लैटर बॉक्स नुक्कड़ पर खड़ा रहता है अहर्निश
चिड़ियाँ उड़ पहुँचती हैं दिग-दिगन्त

फूटा कपाल दिन लद गये इस सेवा के
खत लिखने वाले अब नहीं रहे
उन बाबुओं के भी भाग फूटे
जिनकी अँगुलियों पर था गणित
कलम से मोती पिरोते थे
खिल-खिल पड़ती थी अंग्रेजी की सुन्दर लिखाई
इस लियाकत पर नौकरी मिली थी

रजिस्टरों के पेट भरे ताउम्र

आज भी पीठ सीधी करके बैठते हैं
तह लगा रुमाल जेब में होता है
पत्नी के हाथ का फूल कढ़ा
ध्यान मग्न
धूल भरे जाले लगे दड़बे नुमा डाकखानों में
सोचते हुए से सोचते से ही रह जाते से लगते हैं
इमारतों और स्टेशनरी जितने ही पुरातन

क्या वे उनकी ही सन्तानें हैं जो घूमने लगीं
मल्टी नेशनल कूरियर कम्पनियों के झोले लटकाए
पिताओं ने खरीद दी हैं टोपियाँ धूप में कपाल बचाने को
माताएँ भाग भाग बनाकर बाँध देतीं रोटियाँ भिनसारे
बहनों ने इनकी काढ़े रुमाल
सोखेंगे पसीना जीवन पर्यंत
चप्पल चटकाते नये जमाने के इन हरकारों का

आएगा कबाड़ी एक दिन चार कहारों को लेकर
सिरकटे लैटर बॉक्स को रस्सों से बाँध के ले जाया जाएगा घसीटते हुए
सरकारी विभाग के परखचे उड़ेंगे
संसद में इसकी सुनवाई का वक्त नहीं आएगा कभी
यहाँ दफ्तर खुलेंगे शेयर दलालों के कल
(2005)

धोंडी दगड़ू

(मुम्बई शहर में 26 जुलाई 2005 को आई बाढ़ के बाद)

हमने उन्हें कोसा
पानी नहीं बिजली नहीं
हम पैदल चलकर आए थे मीलों
बारिश में भीगते हुए
मरकर पहुँचे
ब्रेड तक नहीं
सरकार निकम्मी कुछ करती नहीं

●

धोंडी दगड़ू ने कचरा भरा डम्पर में चार दिन लगातार
वो तो उसे अभ्यास था गटर में उतरने का
इसलिए भर पाया सड़ा हुआ कचरा
उसने फिर कचरा भरा दस-दस बार
फिर-फिर भरा

इस बार मरी भैंस को ढोने में लगना पड़ा उसे
दारू पी के उतारा जाता था गटर में
इस बार कौन पूछता है
बोमा बोम करते हैं सब
भूत की तरह लगा रहा धोंडी दगड़ू

इस बार गटर से मरा हुआ मानुस खींचना पड़ा
तब जाकर रास्ता साफ हुआ गन्दे पानी का

चूड़ी एक टूटी मरी हुई कलाई में
दगड़ू का हाथ सन गया खून से
जिन्दा था खून
दगड़ू के हाथ से निकल रहा था खून

भागता गया मीलों
अपनी खोली की तरफ
खोली कहाँ?
मैदान था वहाँ
मज्जा को खुरच के बचे कंकाल सा
जल प्रलय के बाद
किधर गयी औरत उसकी
चील बैठी थी पत्थर पर खिलखिलाती
बोली
वो गयी पानी के अन्दर
खोली के संग
तू जा कचरा सम्भाल
ड्यूटी बजा

दगड़ूं ने पत्थर मारा खींचकर
चील भक्क से फट गयी टीवी स्क्रीन की तरह
दगड़ू ने अपने भेजे को हाथ में लिया
और गटर में उतर गया

वहाँ उसने देखा
डरे हुए से कुछ लोग राशन की लाइन में खड़े थे
कुछ लोग लूट खसोट में लगे थे
कुछ हँस रहे थे राक्षसों की तरह

●

आज धोबी मेरी कमीज प्रेस करके ले आया
बाई भी आ गयी काम पर

इन्तजार में हूँ महेश भट्ट की पीआईएल किस करवट बैठती है
शेयर बाजार इन दिनों ऐतिहासिक ऊँचाई पर रहा है
कुछ लोग इस तरह भी सोचते हैं
हजारों करोड़ का नुकसान मतलब लाखों करोड़ का नवनिर्माण

क्या सार यही है कि मैं आखिर सोचूँ कि मैं किस तरह बच रहूँ
किस तरह बचा लूँ अपनी दुनिया?

कहाँ से शुरू हो कहाँ पे खत्म हो मेरी दुनिया

कुछ ऐसा नहीं हो सकता कि हमें शर्म न आए अपने जीने पर?
(2005)

पर्ची मेरी पहचान की

आइने में ही देख लिया था उसने पीछे से आते हुए
आइए बैठ जाइए
लपक लिया मैं ऑटों में
धन्यवाद देते और पुलकित होते हुए

ऑटो वाला भी पहचानने लगा है
यह कौन सा गाँव है महानगर में

डरता रहा रास्ते भर
जिस तरह ये हवा में उड़ रहा है
अगर पहचान लिया हो कोई और समझकर
गिरूँगा मैं बीच सड़क चूर-चूर आइने की तरह

जब मुड़ गया वो आखिरी गली में सही मोड़ पर
तब उड़ने लगा मैं
अपनी पहचान को याद कर-कर उसके आइने में

जब शुरू हो गया इस खुशनुमा सुबह के बाद दफ्तर का काम
बॉस ने दरयाफ्त किया बदस्तूर
जिसे बताना पड़ा अपना सही नाम साल में बीसवीं बार
इस भाव-विहीन निर्विकार महान पाषाण-पिंड को करते हुए सहस्त्र प्रणाम

छूटा पिंड जब घिर चुका था अँधेरा
बकरियों की तरह बिलबिलाते भागे सब बाबू
दिन भर की उकताहट के बाद

मिल गया वही बस कंडक्टर
जो आँख मिलते ही मुस्कुराता है
पूछता नहीं है अब
कहाँ तक यह बाबू रोज जाता है
काटता है थमा देता है टिकट एक सनद की तरह

मेरे दिल के पास पड़ी है मेरी जेब में
पर्ची मेरी पहचान की
(2005)

मेरे भीतर का शहर

सागर पार यह कैसा शोर है भाई
तट की रेत भीग गयी है
यह नहीं है सूर्यास्त
पर मुझे क्यों लग रहा है
कि मेरे रेत भीगे पांव लाल हो रहे हैं

रेत में खोदी नीवें
ऊँची इमारतें
बोलो क्या बात बनी

सूर्यास्त का साया
दहाड़ मार कर
भरभराएगा ब्रह्मस्वप्न

कोई कैसे सोएगा भाई

●

अँधेरगर्दी शहर है बबुआ
अकेला चना
तनी हुई रगों का जंजाल
दौड़ती नाड़ियाँ सुबह-शाम
भाड़ भड़कता जा रहा

अकेला चना
अँधेरगर्दी शहर है बबुआ

●

इंडीकेटर हैं
गाड़ियाँ हैं
सवारियाँ हैं
बाकी लारियाँ हैं
शहर चीखता हुआ गुजरता नहीं
सवारियाँ शहर होती रहती हैं

●

चिड़िया अब हवा ओढ़ के निकलती है
अन्धे कुँओं से देखती है रेंगता हुआ शहर

पिछले कल
जब घोंसले से निकली थी
उसने महसूस की थी
शहर की चाल से
जमीन धँसने की शिकायत
अपने पंख छोड़
शहर में उतरना चाहा था
उस वक्त
सूर्योदय से सूर्यास्त तक
अन्धे कुओं में तैर आया था
तिनका-तिनका घोंसला
समानान्तर
रेंगता हुआ शहर

अनचाहे घुस आती थी
गरम साँस
वो जान जाती थी सारे अर्थ

और दे दी जाती थी क्रमशः

आसमान
शहर में उतरता लगा था
टोहे थे पाँव
अन्धे कुँओं में उभरती हैं तस्वीरें

शहर जारी है
पाक साफ है
पर नहीं है पारदर्शी

धूप ऊपर की मंजिलों पे आती है
सड़कें भागती हैं अपरिचित
चौराहे की बत्तियाँ
दुर्घटनाएँ बचाती हैं
सिविल लाइन्स में तमाम सभ्य लोग रहते हैं
पर नहीं हैं पारदर्शी
चिड़िया साफ देखती है
शहर न बढ़ रहा है
न खड़ा है
भूमिगत
अदृश्य
गन्दे नाले में गड्डमड्ड रेंग रहा है

पंख छोड़ने से पहले
टकराए थे परचम
सत्य/प्रकाश
विश्वास/जमीन की तलाश
कुछ पाँव टोहे तो
तलवों में गुदगुदाई थी
क्रमिक आत्महत्या
झनझनाए थे स्नायु

शहर नहीं है पारदर्शी

सेल्यूलाइड बहुत रंग उभारते हैं
अँधे कुएँ जो उतारते हैं तस्वीरें
कोई नहीं देखता
धँसता है
रेंगता है
शहर नहीं है
नहीं ही है पारदर्शी

●

वनचिड़ा
बर्फ की गुड़िया में
चन्दन महकाना चाहता है
बर्फ
धुँए की फुनगी-सा
अधर में लटका हुआ
मैं चन्दन की महक छीलता हूँ
भोजपत्र के छिलकों सी
माँ डोरियों में बाँधने को रख लेती है
पवित्रता

पैरों की सिल्लियाँ
हाथ से सहलाता हूँ
बात
सड़क की चौड़ाई
चौराहे पे मापी जाने की थी
इसी क्रम में
पहले पैर सिल्लियाँ हुए थे
अब फिसलते हुए
धुएँ की फुनगियों में तब्दील हो रहे हैं

क्या होगा मन
जब पैर
नयन का कोसा[1]
एहसास सँजोने लग जाएँ

वनचिड़ा
तमाम सफर में
चीड़पत्तों का कालीन ढूँढ़ता रहा
और हवा की गलियों में
डालियों के पर
आसमान के सतरंगी उत्सव

यहाँ सूरज
पंछियों की खनक और सायों के बिना
बेआवाज
बेशक्ल
सिर पर चढ़ आया
पर कोसे एहसास
पैर–सिल्लियाँ हो जाएँ
यह कौन मैदान/पहाड़ का मौसम है मन

झड़ गयी
वनचिड़े के पंखों की तितलियाँ
बियावान पुतलियाँ
टुकुर–टुकुर
ताम्बई सूर्य को देख रही हैं
कोसे एहसासों के पैर सिल्लियों को
सहला रही हैं बार बार

झरे पंखों से भर उडारी

---

1. गुनगना

सिल्लियों का अंजन लगा
सड़क और धुँए का खोट पकड़े
सेते[1] पहाड़ों की
चन्दनी महकों की
झरे पंखों से भरता है
ढूंढ़नी उडारी

●

गहरा कुँआ है
जहाँ पर धुँआ गूँजता है
पहचानना शक्ल या आवाज
मेरे दोस्त
यह आज की लड़ाई है

●

मेरे आसपास जो उग आया है शहर
उसकी अनाम आवाजें
चिपक जाती हैं
पसलियों पर
लोग मुझे
किसी फार्मूला फिल्म के पोस्टर सा पढ़ते हैं
मेरी साँस गली-गली में बजती है
पोस्टर पर उकेरे चेहरों से
लोग पूरी कहानी का जायका लेते हैं

मेरा बाप
मेरी छाती में से गुर्राता है
अब उसे
गन्धाते शहर में झाड़ू देती बार
अपने पेश पर गर्व अनुभव नहीं होता है

1. धवल

उसकी अपनी सन्तान में
शहर पनपता जा रहा है
निरंतर

माँ ने तब तो कह दिया था
जा बेटा गली के नल पर नहा ले
अब कहती है
तुझसे मसान की बू आती है

मुझे लगता है
सलीब समेत मसीहा सड़क पर उतर आया है
भीड़ पास माँग रही है
एक होड़–सी लगी है
पर मसीहा तैरता है
भीड़ रेंगती है
वह बाँटता है
वह फिंकती है
बीच में शहर है
जहाँ नरभक्षी भट्ठियाँ लगी हैं
जो विराट हो रही हैं
लगातार

उन्हें यह नाम देना
उतना ही मुश्किल है
जितना चीखते हुए इंजन का
पटरी पर से
दहाड़ मार कर उछल पड़ना

शहर मेरे अगल–बगल चिपक रहा है
सम्वाद शून्य

मसीहे की सलीब

सींक खाई निकली
भेड़ें अब कुछ पढ़ लिख गयी हैं
जंगल राष्ट्रीय सम्पत्ति हो गये हैं

अब वह ढूँढ़ रहा था कोई पुल
दो पाटों के ऊपर
उसके पास
एक रीढ़ की हड्डी बची है
सुना है
वह रीढ़ के दाँव पर
जोड़ देगा आर पार

●

पनवाड़ी के पास खड़े होकर
चौक का निहारना
एक महत्वपूर्ण है
शहर ओढ़कर
माहौल का घूरना
एक और महत्वपूर्ण है

फुटपाथों का
सड़क की दाईं ओर विस्थापित हो जाना
एक लम्बे अन्तराल से
और रेंगते रहना—
राजपथ से
पांवगढ़ी पगडंडियों तक

बाँस से
बीवी के पन तक

कैफों ढावों से
घर की गन्ध तक

राँग साइड विस्थापित हुए रहना
लगातार
जहाँ दुर्घटना की असुरक्षा का बोध
तिकड़न-धर्मिता छोड़कर
नियति की दीवार में चिना जाना होता जा रहा है
पत्थर होने की हद तक

एक पड़ाव तक
यह जनरल रूटीन हो सकती है
अमहत्त्वपूर्ण
पर इस शहर की सारी धड़कनें
आने वाले सूरजमुखियों में घर करती जा रही हैं

एक ऐसी पौध तैयार की जा रही है
जो सूरज के साथ हामी नहीं भरा करेगी
अपना सिर सिर्फ जमीन में गाड़ा करेगी

●

अँधेरगर्दी शहर है बबुआ
अकेला चना
तनी हुई रगों का जंजाल
दौड़ती नाड़ियाँ सुबह शाम

भाड़ भभकता जा रहा
अकेला चना
अँधेरगर्दी शहर है बबुआ

सामूहिक विध्वंस नहीं
सुबह से शाम होने की होड़
खाना खा के सो पाने
और फ्रिज खरीदने की जद्दोजहद
कर देगी लुंज

भुनने के बाद चना
एक बूढ़े खून की ट्रेन होगा
जो हर स्टेशन पर बीस सैकंड रुकेगी
गरम भुट्टा चढ़ेगा
उतरेगा
फैलेगा अँधेरगर्दी शहर

पहली मानसून में बरसेगा धुँआ
घेरेगा छाती
लो–वोल्टेज पर कैसेट की तरह स्नायुतन्त्र
विकस रहा है

अँधेरगर्दी शहर है बबुआ
और अकेला चना

●

हर जगह नमक की मंडियाँ हैं
लारियाँ भीतर से बैलगाड़ियाँ हैं

घर के पेशाबखाने की मोरियाँ
गटर होती रहती हैं
गलियाँ चमचमाती सड़क होती हैं

नमक की मंडियों के बैनर हैं
भीतर रंडियाँ हैं
नहीं खुलते गटर नीले पानी में
नहीं खुलती चिमनियाँ नीले अम्बर में
शहर चीखता हुआ गुजरता नहीं
बस सवारियाँ शहर होती रहती हैं

●

वयस्क हो गया मेरा शहर

देखते देखते
हो गया दूध के दाँतों का मोहभंग
ये तो अच्छे खासे अन्दाज से टांग चबाता है
गुर्राता है
आँखें तरेरता है

ये नहीं हैं डोरे नीली इच्छाओं के
गर्दन पर जब से भेड़िया बैठा है
गलियों में बत्तियाँ जलने की देर
उसका गुनगुनाना
गुर्राना हो गया

मैं समझ गया
वयस्क हो गया
मेरे भीतर का शहर

मर गयी चिड़िया
पगला गया वनचिड़ा
बढ़ गया जंगल
सूरजमुखियों की मत पूछो
यह तो बरगद फैला है
पिघले इस्पात की जड़ों पर खड़ा है
पक्के सीमेंट के टहने
आण्विक फूल चमकते
कल को अश्वत्थ हो जाएगा
अम्बर से क्या कहना

बाहर कल है
भीतर जल है—
सूख रहा
अश्वत्थ शहर
वयस्क हो गया

नीली इच्छाएँ
सपनों सी उड़ गयीं
पीली
सफेद पड़ीं
रीढ़ के बल चलती रहीं
सफेद इच्छाएँ
ब्रह्मस्वप्नी

आकृतियाँ नहीं
छायाओं ने पोत दिए
रीढ़ भरी सफेद इच्छाओं पर
अफलातूनी रंग
अफलातूनी प्रेम
पक्षाघाती
लुंज
ब्रह्मस्वप्नी

●

सागर पार यह कैसा शोर है भाई
तंट की रेत भीग गयी है
यह नहीं है सूर्यास्त
पर मुझे क्यों लग रहा है
कि मेरे रेत भीगे पाँव लाल़ हो रहे हैं

आधी रात के आसपास अटकी हैं
नोबल पुरस्कार विजेता वैज्ञानिकों की घड़ियाँ

किस पल समुद्र खौल उठेगा
चढ़ आएगा तट पर लावा
ज्वार–भाटा तो सदी पहले की भाषा है

रेत में खोदी नीवें
ऊँची इमारतें
बोलो क्या बात बनी
सूर्यास्त का साया
दहाड़ मार कर भरभराएगा ब्रह्मस्वप्न
कोई कैसे सोएगा भाई!
(1988)

चौबारे पर एकालाप

मैं इस मचान पर खड़ा हूँ
चीरें फाड़ें तो लकड़ी का फट्टा ठस्स
नट इतराए तो सीढ़ी
मैं बेलाग हो चाहता हूँ नीचे उतरना
ज़मीन पर खड़े होकर बात करना

शुरू करते ही
कला की संवेदन की
ऐंठन होने लगती है
बाराखड़ी साधते ही
मजमे की चौहद्दी तय हो जाती है
बाँस पर चढ़कर बाजीगर
सूद के साथ मूल का
मिर्च मसाला पीसता है
संयम में घोलकर
चिंतन के खरल में
कपड़छान कर मूल को
देखने सूंघने के फटीचर आयुर्विज्ञान में
अचानक वह सीढ़ी सी
निराकार से उद्भूत होती है
चीरें फाड़ें तो लकड़ी का फट्टा ठस्स
नट इतराए तो सीढ़ी
बस सीढ़ी ही दिखती है

मूल जो धूल की तरह
कण-कण छाया हुआ है
नहीं दीखता
फेफड़ों में उल्ली
पेट में पथरी नहीं दीखती
घर में रक्त वाचालता
कपड़ों की टाँकेदारी
सम्बन्धों की छीछालेदर
गाँव में आगज़नी
सूखे पानी में फसल तबाही
बाढ़ में बटमारी
शहर में दंगा खून खराबा
दफ्तर में घसियारी पलटन
मिल में चुसी हुई गन्ने की खेती
नहीं दीखती

सड़कों के नाकों पर मज़मा लगता है
शेर की मुहर की छांव तले
भव्य पंडालों में भाटगिरी का नर्तन चलता है
साँप नेवला सुस्ताते रहते
भीड़ जुटाते रहते
कितना आसान हो गया
खुले आम सपनों का व्यापार

नहीं दीखने सा ही दिखता
जो कोई देखो लफ्ज़ पीसता है
ले दे के आखिर
सीढ़ी पर ही मिट्टी गारा घिसता है

फुल्कारी नक्काशी साज सजावट
सूद मूल के सुन्दर सपने
चौबारे पर बैठी शहनाई

कला निनाद
संस्कृति रेचन
अनहद में खुलती तृतीय दृष्टि
तीसरी दुनिया के पानी में
बंसी डाले इस सीढ़ी पर बैठे हैं
मिर्च मसाले के कुलीन सम्पादक
इतिहास के वायवीय कथावाचक

इसलिए हे गदराए हुए नटो
तुम्हारे ही चौबारे पर
आँखें फाड़कर
तमाम सुरंगों में
गूँजों में
कपोतों बाजों सा घुसता हूँ

टुकड़ा एक धरती का तिड़क उठा
एक पेड़ का तना सुलगता
डालों में खून उतर आया
एक आँख में दहशत
एक भुजा उद्दंड
सजनता से घबराया
निर्जनता में सहमाहट
संवादों की अकुलाहट
पंजों में जकड़ी हुई
पंख भी नहीं फड़फड़ाता कपोत
डर के मारे चुप
निरीह नजरें दहकते डेलों से फिसल जातीं
सुरंगें-सी बनती अपने आप
अंधियारी
उल्काएँ सी गूँजतीं
चिरती जातीं शती की अन्तिम साँसें

सपनों को अंधियारे सीले गलियारों से खींच
धूप में डालो
खेतों में फहराओ
ये बाड़ छाँट कर रस्ते खोलो
जमीन खोदने के अस्त्र ले लो
ताकि सनद रहे
चौथाई शती की
मिली ही नहीं जमीन

बबूल पर टाँग के अचकन
गुलाब कली
नौटंकी में ठुमकी थी
खेतिहर सड़कों को सरके
सड़कें शहरों में उतरीं
शहर गगन चूमते
गुलाग गन्ध के गिर्द घूमते
सम्मोहित करती
अम्बर धरती रहे छिटकते
एक उचकते एक धसकते
भागो-भागो आगे भागो
बाँध बनाओ
रेल दौड़ाओ
उद्योग लगाओ
व्यापार बढ़ाओ
एक से उत्तम एक
नारे अनेक

आजादी बैठी सेती रही
चूजा कुनमुनाया
गाँव का बच्चा निश्छल
बापू के आगे घुग्घू
खेत में मसें भिगोता

बापू की नजर टालता
सूखी आँखें माँ की ताकता
नहीं मिला मौका तो बेहतर
जब मिला तो मास्टर के आगे बुद्धू
सरपंच की दुकान का मुस्टुंडा
आजाद देश का भविष्य उजड्ड
सरपंच की कोठरी और
जंगल-मंडी का हरकारा
जय हो जीवन
जय तरक्की माता

●

यह कहाँ से आ रही
गदराए नट की तनवंगी
देखो कुम्हलाई बदरंगी
चली है मीलों पैदल
पस्त-त्रस्त
पता नहीं कबसे
तिड़क चुका है मौसम
माँ थी या मर गयी या होगी कोई
परम्परा उजड़ने की तुरही बजी
बाप या मर्द
क्या है सरहद
बदल के बाने
आता रहा
नोच-चोंथ खाता रहा

गदराए नट की तनवंगी
जुती रही है
कनक हो या बरसीम
फसल कहो या घास
उगेगा कटेगा
अपनी हो या रेहन

धरती है फैलेगी बेल
पूछो तनवंगी से
अपनी कह के जिन्दगी
नहीं ही मिली आखिर
उदास थी पहले
सपनों को देखा
बीहड़ तय करके आई है
कहाँ से आई
चली जा रही कहाँ
पुल की शुरुआत पर खत्म होती परम्परा
जंगल में खुदी हुई अधूरी सड़क
मजमे के लच्छेदार जुमलों की पटकन में देखो
भव्य पंडाल की
मदमाती रोशनी में देखो
बलखाती पगडंडी के सारे रतिस्वप्न
उजाड़
खौफजदा
इन्द्रजाल भयानक
पुल की शुरुआत पर खत्म होती परम्परा
बाढ़ और सूखे से टूटी नदी
एक उदासीन परम्परा की शुरुआत

●

जितना कपोत गर्दन झुकाता है
सुरंगों में
बाज चोंच भिड़ाता है
हाथों में फिसलता है ठंडा पसीना
कहाँ से आ खड़ा हुआ यह प्रीतम
सूखे हुए डोडे
तपते कपाल पर परना
आज फिर तुम देर से आए
शाम को पूरा करके जाना काम

दिहाड़ी अभी क्यों बाद में ले जाना
लकड़ी का कोठा बना कर रखो
कब तक एक ही क्यारी खोदते रहोगे
फिर माँगोगे रोटी भिगोने को चाय दे दो

एक बाबू ने माँगा था
कुल्हाड़ी का बींडा
प्रीतम बींडा नहीं ढूँढ़ पाया
लुहार कुल्हाड़ी सेक कर धार नहीं दे पाया
कैसे कटेगा जंगल
घुटनों में सिर दिए बैठा है प्रीतम
नहीं है किस्मत

किस्मत सिर्फ निचोड़ती है
प्रीतम हार बैठा है दाँव
नहीं ही मिला बींडा
कुल्हाड़ी बाबू की है
वह नहीं काट सकता
सिर या किस्मत
उसका बेटा
दराती से खेलता है
प्रीतम की आँखों के सामने है
कामरेड की कोठी
खेत ही खेत
आमों सन्तरों सेबों के बाग-बगीचे
कामरेड हंसिए की रोटी खाता है
मोर्चे निकालता है
मजदूरों खेतिहरों का नेता है
प्रीतम ने जब भी उसकी मजदूरी की
दिहाड़ी पूरी नहीं मिली है
प्रीतम कटता रहा है
दराती ऊँची उठती रही है

कामरेड छिंह्ज का टमक[1] बजाता रहा है

प्रीतम बच्चे को दराती से खेलते देख
पस्त हो जाता है
उसे नहीं ही मिलता है बींडा
दीखती है खाली
सिर्फ कुल्हाड़ी

●

कपोत पर मारता है
बाज सीढ़ी पर चोंच
परत दर परत पिघलती हैं दीवारें

तमाम खुशगवार बरस
मेजों कुर्सियों के बीच
फाइलों को घिसते रहने के बाद
रिसते हुए खुरों वाले जानवर ने
मुँह में रख कर
उगल दिया है
अट्ठावन साल की देसी आम की गुठली
बरसात की गीली बेरहम जमीन पर
आरामदेह सेवानिवृत्ति की
तिन पत्ती नयी सिर उठान
भ्रम भटकाव तने की गुठली को
बच्चे
उखाड़
बची हुई मिट्टी को झाड़
पत्थर पर घिस कर
पीपनी सा बजाएँगे
नंगधड़ग बारिश में नाचेंगे
हवा में उछाल कर

---

1. दंगल का ढोल नगाड़ा

कीचड़ में धकियाएँगे

रिटायर होने के बाद बाबू
पाँच साल पेंशन के लिए चक्कर लगाएगा
पाँच साल अपने बेटे की
उसी गले हुए जानवर की सुरंग जैसी आँतों में
सिरका बनने की सम्भावना देखेगा
चश्मे को साफ करते हुए
यादों की गठड़ी खोलेगा
सम्भाल सम्भाल रखेगा
आतंकित होकर समाचार पढ़ेगा
कान खड़े रखेगा
कब समधी की सलाखों जड़ी खिड़की से
चिरायंध का भक् भक् धुँआ उठने लगे
एक उम्र तक उसके हाथ बँधी सील गाय के
गोडे दुखने लगें
कान खड़े रखेगा
आँख चुराएगा
आखिर बच भी तो नहीं पाएगा
धुंधिया आँखों का प्रपंच

तीन दशक पहले एक जमीन छोड़ी
सुरक्षा की उम्मीद में गलियारा फाँदा था
तीन दशक
अँधेरी रिसती हुई सुरंग खोदी
बीमार जानवर ने जुगाली करके
उगल दिया पंगु
ढलान पर मंडी चलते का सट्टा
गुठली किस बैंक में खोले खाता
कम्पनी बेचेगी शेयर
लूटेगी दोनों हाथ
बैंक का ब्याज

मोतियाबिन्द का सहारा
मुड़ तुड़ कर पंच साला योजना का गणित
देश हित में जाएगी पूंजी
टटपूँजिया खुद फाँकेगा फेफड़े की घड़घड़ाहट
बुढ़ापे के रग रेशे में
लोकतन्त्र के ढोल की ताल पर
डालेगा वोट
गुठली गिनेगी दिन
नेता सँवारेगा टोपी की नोक
बिगड़े हुए जानवर पर बैठकर
गुँजाएगा खगोल
काटेगा भूगोल
पूँछ से झाड़ेगा मिट्‌टी
कमान हुई पीठ और अपान पेट वाला जानवर
खुरों के मवाद से भरेगा बस्ती रेगिस्ताान
जानवर आँखें चढ़ाए रेंगता रहेगा
नेता अफसरशाह सवारी पर इठलाता रहेगा

बाज बरगद से उखड़ कर
सीधा खुर पर झपट्‌टा मारने को धमकता है
झन्नाता है तूफान
तपती धूप में कपोत
दूसरे तल्लें की खिड़की पर
बीठ करने जा घुसता है

दुन्दुभी बजती दिन में तीन बार
गन्ने की खेती
झोंपड़ों छप्पड़ों से निकलती बाहर
दन्दों में फँसे
चक्कों पर चक्कों से
विकास ह्रास का
घूमता नवपुराण दिन रात

बनियापन्ती का नूतन मिथ
सहस्र फनों की फुँफकार क्रूर
रंगीन मदमस्त विज्ञापन का इन्द्रजाल
पृथ्वी आकाश को लीलता प्रस्तर ज्वार
चुसी हुई गन्ने की खेती
शून्य में
सड़कों में गटरों पर
शरण ढूंढ़ती फैल रही
सब मालिक
फिर भी निराश्रित (तभी निरस्त)
निरीह डरे हुए
स्वतन्त्र देश से उपजे हुए शरणार्थी
मरे हुए

बस्ती पर आँख गड़ाता बाज
आग धधकती अंगार बरसते
टकराते सूखी अन्तड़ियों से
धू-धू जलते सपने हजार
बनियापंती का यह नूतन मिथ
धू-धू जलते सपनों में हाथ सेकता चिकना दैत्य
उसमें समिधा सा अर्पित
एक पूरा पंजर

झुलसा कर पर बाहर आया बाज
उलटा देगा सीढ़ी विलास
बेहाल फड़फड़ाता कपोत
आँखें बन्द किए
कोई मेहराब ढूंढ़ता है

मैं अभी भी नीचे उतर कर
जमीन पर
बात करना चाहता हूँ
(1989)

हिन्दी 1
हमें और भी बहुत हैं काम

आप कौन हैं
यहाँ क्यों हैं
क्या चाहिए
नहीं–नहीं
अपनी यह भाषा भूषा अपने पास रखिए
झोला उठाइए और चलते बनिये

नहीं भाई क्या किए जा रहे हैं आप
इस सेवा के दिन अब लद गये
जिसको चाहिए खुद सीखेगा
और चाहिए किसे
जिएगा वही जो जीतेगा
जो जीतेगा उसे भाषा से क्या काम
जो बोला समझ में नहीं आता क्या
भोला मुँह न बनाइए

अब जाइए

नहीं जनाब क्या कहे जा रहे हैं आप
शुरू कर दिया आलाप
बहुत सुन चुके वही पुराना जाप
फुर्सत कहाँ है

किसी दूसरी दुनिया में जाइए
वहीं जा के रटिए भाषा भूषा का नाम

बस बहुत हो गया
दफा हो जाइए
हमें और भी बहुत हैं काम

चले आते हैं ... बने फिरते हैं ... भाषा वीर...
2002

भरम का साँप

हो तो गया काम तमाम
अब क्या चाहिए
खुला है द्वार
हो आइए पार

बैसाखियों के सहारे चले कम
पीटते रहे भरम का साँप ज्यादा
तुम्हारे ही माई-बाप
बने रहे आस्तीन का साँप
नेता नीति और रीति ने
जना विषधर

अब जाओ
बचेगी भाषा तुम्हारी लाडली
अगर होगी कूबत
बेजुबानों की बनेगी बानी
गरीब की दौलत
हारे हुए का नूर

अच्छा है ख्याल दिल के बहलाने को

बाजार बढ़ता है आगे
कमतर की पीठ पर पग धर
बाजार में क्या क्यों कैसे बेचना है
उसकी कल और कला हमारे पास है
नकेल हमारे हाथ है

पूत पितरों सबको साध के
लगा लो जोर जी भर

जाओ कूदो अखाड़े में
पैसा फैंक हम देखेंगे
जीत का खेल तमाशा
2002

तू हिन्दी भिखमंगे तेरे हम

फिर भीख माँगी
गिड़गिड़ाए
खीसें निपोरीं
अनचाहा बोला
मनमाना सुना
चाहा पर अनसुना नहीं कर पाए

अकाल में अन्न की तरह लिया
दाता ने दान की तरह दिया हेकड़ी से

हिन्दी कैसा अनाथ तूने किया

किस भावना से शुरू हुआ तेरा सफर

सत्ता के किन-किन गलियारों में भटकी आखिर
किस पाखंडी ओहदे पर ला पटकी गयी

कराई पग-पग पर जग हँसाई
मन मसोस के रह जाता है

कैसी दयनीय हो गयी तू माई
2002

कसाईखाने में हिन्दी आधिकारी

यह नहीं सर यह कलम लीजिए
आपके हाथों में सजती है
कागज भी यह वाला
रोशनाई इस पर खूब खिलती है
जुबान कोई भी चलेगी

वैसे इस मामले में ज्यादा गुँजाइश कभी रही नहीं कोई
अर्थ वही होगा जो मलिक समझेगा
हम भी वही समझेंगे जो वो चाहेगा कि हम समझें

इसलिए यही बचता है कि कलम हो सुनहरी
कागज हो चिट्टा सफेद
अक्खर तो होंगे हर हाल में स्याह
हमारा कत्लनामा तैयार है
ताकत-बुझी कलम की नोक से दाग दें हुजूर
सर हमारा कलम होना तय है माई-बाप

भाषा के सन्तरी बनाकर कीले गये थे हुजूर के दरबार में
यस सर जी हाँ करते रहे बदस्तूर
इतने गैर जरूरी फिर भी करार दिए गये हिन्दी आधिकारी

जलावतनी का हुक्मनामा अगले कल आना था आपके पास
आप बल्लियों उछल पड़े
लिखवा डाला हम ही से कत्लनामा आज की तारीख में

हमसे बड़ा चूतिया कोई न हुआ हुजूर
ऐसे साँचे में ढाला गया है हमारी जमात को
क़त्लनामे को अपने ही सजाने में लग गये?
2002

हिन्दी अधिकारी

खाता हूँ और सोता हूँ
दिन में मक्खी पर मक्खी धरता हूँ

अनुवाद अनूठा
शब्द सब झूठा अर्थ का हंडा फूटा
पढ़े अँगूठा छाप हमारा
उसकी भाषा का मैं हरकारा
लदनी लादे खड़ा हुआ हूँ
मैं उसका खोता हूँ

कामर्स साइंस में मन लगता न था
यूनिवर्सिटी में भाषा विभाग ही बचता था
पांडे मिसिर तिवारी बोले
हो बलिहारी
सेवा में लग जा
भाषा की अलख जगा
अनुवादक हूँ हिन्दी अधिकारी भी हो जाऊँगा
बॉस के आगे झुका हुआ
चरण रज धोता हूँ

ढुलमुल देह थुलथुल न है पर हिलती कम है
घर बन जाए बच्चे पढ़ जाएँ
दिन जो कट जाएँ अच्छे जी अच्छे
खुशी नहीं तो गम भी कम है

पश्चात पद ही रहे आए
किसी को नहीं पड़ी तो हम भी कब रोता हूँ
2003

❑❑❑